RAUMPIONIERE
IN LÄNDLICHEN
REGIONEN
Neue Wege der
Daseinsvorsorge

Herausgegeben von
Kerstin Faber
und Philipp Oswalt
für die Stiftung
Bauhaus Dessau

Edition Bauhaus 35

Spector Books

RAUMPIONIERE

MODELLE

DER LÄNDLICHE RAUM IST KEIN BAUM: VON DEN ZENTRALEN ORTEN ZUR CLOUD

Philipp Oswalt

In den letzten Jahren gab es wiederholt bundesweite Debatten über das Ziel der „Gleichwertigkeit der Lebensverhältnisse". Sobald jemand diese im Grundgesetz benannte Leitidee hinterfragte – sei es der damalige Bundespräsident Horst Köhler im September 2004, sei es das Berlin-Institut für Bevölkerung und Entwicklung im Juni 2009 –, reagierten Politiker parteiübergreifend empört und sahen den gesellschaftlichen Grundkonsens in Gefahr.

Doch das politische Postulat steht im Widerspruch zur Lage vor Ort. Fährt man etwa durch die Altmark in Sachen-Anhalt, durch den Werra-Meißner-Kreis in Nordhessen oder durch Oberfranken, sieht man allenthalben die Spuren „passiver Sanierung": geschlossene Schulen und Kultureinrichtungen, aufgegebene Nahverkehrshaltestellen und Bahnhöfe, leere Läden. Die Bevölkerungsverluste der letzten Jahrzehnte im ländlichen Raum und die desolate Situation der kommunalen Haushalte führten zu diesem Verfall. Hintergrund der Entwicklung ist die weltweit fortschreitende Entvölkerung ländlicher Regionen bei gleichzeitigem Wachstum der städtischen Agglomerationen. In Deutschland sind nur noch circa zwei Prozent der Bevölkerung im primären Sektor, also in der Land- und Forstwirtschaft tätig. Die ländlichen Regionen müssen sich in weiten Teilen auch künftig auf einen Rückgang ihrer Bevölkerung einstellen, zumal in den meisten Industriestaaten die kommende Abnahme der Gesamtbevölkerung die Entvölkerung ländlicher Räume noch verschärft. Es gibt zwar auch Wachstumsimpulse durch erneuerbare Energien und Tourismus; sie halten jedoch die Schrumpfung im ländlichen Raum nicht flächendeckend auf und können diese erst recht nicht umkehren. Das gilt auch für eine Vielzahl staatlicher Interventionen, die trotz erheblichen finanziellen Aufwands weitgehend mit ihrem Versuch scheitern, die Schrumpfung zu konterkarieren. Als Resultat zeigt sich an manchen Orten neben neuen, aber wenig genutzten Infrastrukturen und punktuellen, subventionierten Modellprojekten eine von Aufgabe und Rückzug gezeichnete Siedlungslandschaft. Das Festhalten am Status quo ist keine Option, da mit geringer werdender Bevölkerungsdichte die Kosten staatlicher Daseinsvorsorge steigen, bis sie nicht mehr zu finanzieren sind. Doch das Weniger-werden kann auch nicht als bloße Reduktion des Vorhandenen verstanden werden. Das Weniger-werden erfordert vielmehr Erneuerung und Modernisierung. Weniger ist anders.

Wenn zum Beispiel wegen rückläufiger Schülerzahlen jede zweite Schule geschlossen und zugleich der öffentliche Nahverkehr eingeschränkt wird, verlängert sich der Schulweg auf unzumutbare Weise. Die Situation zwingt dazu, sowohl über neue Schulformen, etwa klassen- und generationsübergreifende Bildung, als auch über neue Formen der Mobilität, etwa Rufbusse, Bürgerbusse, Kopplung von Güter- und Personentransport, nachzudenken und diese ins Werk zu setzen.

Besorgnis erregen bei der gegenwärtigen Krise weniger die sich ändernden Voraussetzungen und der Wandel als solcher. Eine bestimmte Bevölkerungsdichte ist kein Wert an sich. Primäres Ziel staatlicher Intervention sollte nicht sein, bestimmte Einwohnerzahlen und bestimmte Verteilungen der Bevölkerung zu erreichen. In demokratischen Gesellschaften ist es dem Einzelnen überlassen, wo er sich ansiedeln und wohnen will. Es gibt nicht die richtige Siedlungsdichte für eine Landschaft, die richtige Größe für einen Ort. Aufgabe von Politik und Planung sollte es sein, den Menschen dort, wo sie leben wollen, gute Lebensbedingungen zu verschaffen. Wir kennen genug Länder, darunter Skandinavien und Australien, mit dünn besiedelten Räumen von hohem Lebensstandard. Und das

Älterwerden der Menschen ist zuerst ein Gewinn für jeden Einzelnen und kein Grund zur Beunruhigung. Was Besorgnis erregt, ist vielmehr das Beharrungsvermögen der Gesellschaft, der Widerstand gegen Veränderungen, die mangelnde Bereitschaft, Gewohntes aufzugeben und neue Wege zu gehen. Was spricht dagegen, einige Jahre länger zu arbeiten, wenn man viele Jahre älter wird?

Im Zusammenhang ländlicher Daseinsvorsorge verschärft sich die Trägheit des Systems aus mehreren Gründen. Politisch betrachtet geht es bei der Daseinsvorsorge nicht allein um die Gewährleistung einer Grundversorgung mit Gemeingütern. Die Aufrechterhaltung von Institutionen und Infrastrukturen hat auch symbolische Bedeutung, was rein sachliche Lösungen erschwert. Die Konflikte hierum sind von Klientel- und Lobbypolitik geprägt. Während konservative Kräfte Wohltaten für ihre im ländlichen Raum konzentrierte Wählerschaft im Auge haben, tun sich Sozialdemokraten bei Reformen etablierter wohlfahrtsstaatlicher Fürsorge schwer. Hinzu kommt, dass in der Gesellschaft nach wie vor ein Wachstumsdenken dominiert, bei dem Schrumpfung tabuisiert ist. Wenige Politiker sind bereit, offen und zukunftsbezogen über die Gestaltung von Prozessen der Schrumpfung nachzudenken; sie setzen lieber auf Ansiedlungs- und Wachstumsstrategien, so wirklichkeitsfern diese auch sein mögen.

Wie also kann vor dem Hintergrund von Schrumpfung die Daseinsvorsorge im ländlichen Raum in Zukunft gestaltet werden? Um dies zu beantworten, muss die Vorstellung von Daseinsvorsorge zunächst grundsätzlich diskutiert werden. Der deutsche Begriff der Daseinsvorsorge hat einen problematischen Ursprung. Geprägt wurde der Terminus von Ernst Forsthoff mit seinem 1938 erschienenen Buch „Die Verwaltung als Leistungsträger". Bereits 1933 hatte er mit seinem Buch „Der totale Staat" die durch das Naziregime vollzogene Gleichschaltung befürwortet, einschließlich der Abschaffung von parlamentarischer Demokratie und Gewerkschaften. Stattdessen hatte er einer „totalen Gemeinschaftsordnung" das Wort geredet. 1938 stellte Forsthoff nicht zu Unrecht fest, dass gerade in Bezug auf die Daseinsvorsorge die „Abhängigkeit des Menschen vom Staate" in den letzten Jahrhunderten stark zugenommen habe. „Alle Fragen der Daseinsvorsorge, die notwendig ausmünden in den Problemen einer gerechten sozialen Ordnung, sind notwendig immer politische Fragen ersten Ranges." In diesem Zusammenhang muss auch erwähnt werden, dass der deutsche Geograf Walter Christaller als Erfinder „zentraler Orte" – des heute weltweit verbreiteten raumordnenden Prinzips für die Daseinsvorsorge – kurz nach Fertigstellung seines maßgeblichen Werkes 1932/33 überzeugter Nationalsozialist wurde und führend daran mitwirkte, dass eben dieses Konzept nach 1939 erstmals bei der deutschen Ostkolonisation in Polen planerisch umgesetzt wurde. Für Christaller setzte das hierarchische Konzept zentraler Ort das „Führerprinzip" in der Raumordnung um.

Die hier skizzierte Herkunft der Idee der Daseinsvorsorge in Deutschland aus einem radikal totalitären Denken stellt die Vorstellung infrage, eine umfassende staatliche Daseinsvorsorge habe per se einen sozial progressiven, gar emanzipatorischen Charakter. Indessen lässt sich die Daseinsvorsorge nicht auf eine zentralstaatlich-totalitäre Gefahr reduzieren, gehört sie doch zur selbstverständlichen Grundausstattung demokratischer Gesellschaften und ging aus verschiedenen gesellschaftlichen Traditionen hervor. In Frankreich heißt dieser Bereich „Service Public", in Großbritannien „Public Services". Und auch in Deutschland gibt es verschiedene, jahrhundertealte Linien. Neben der hoheitlich-polizeistaatlichen Tradition, die besonders im Preußen des 19. Jahrhunderts ausgebildet war, gibt es eine bürgerschaftliche, quasi genossenschaftliche Tradition aus den freien Städten des Mittelalters sowie eine privatwirtschaftliche Tradition aus der Phase der frühen Industrialisierung. An Letztere knüpft die EU-Kommission an, die seit vielen Jahren ihre Mitgliedsstaaten veranlasst, zentrale staatliche Strukturen der Daseinsvorsorge, wie sie sich vor allem seit Mitte des 20. Jahrhunderts ausgebildet und verfestigt haben – wie Post, Telekommunikation und Eisenbahn –, zu privatisieren.

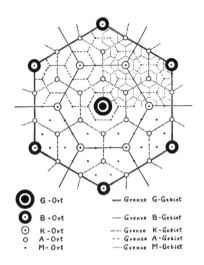

G -Ort   — Grenze G-Gebiet
B -Ort   — Grenze B-Gebiet
K -Ort   —·· Grenze K-Gebiet
A -Ort   - - Grenze A-Gebiet
M- Ort   ······ Grenze M-Gebiet

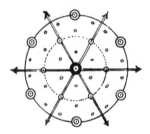

Das heute international etablierte Konzept der zentralen Orte von Walter Christaller aus dem Jahr 1933 sieht eine hierarchische Organisation der Daseinsvorsorge in jeweils abgegrenzten Teilräumen vor.

Diesen historischen Exkurs vorausgeschickt, lässt sich die Frage der Daseinsvorsorge etwas anders diskutieren. Es stellt sich nicht nur die Frage, welchen Umfang von Daseinsfürsorge wir wo wollen, sondern vor allem auch, wie sie erbracht werden und welches Gesellschafts- und Staatsverständnis ihr zugrunde liegen soll. Die Krise des Status quo erfordert neue Lösungen und ein neues Austarieren des Zusammenspiels von Staat, Zivilgesellschaft und privater Wirtschaft.

Ein klassisches Beispiel für das erfolgreiche Ineinandergreifen von zivilgesellschaftlichem und staatlichem Engagement bei der Daseinsvorsorge sind die Freiwilligen Feuerwehren, welche sich im 19. Jahrhundert in Deutschland entwickelten und bis heute den Großteil des Brandschutzes in den Kommunen gewährleisten. Lediglich in fünf Prozent der Städte, und zwar in den größeren, gibt es Berufsfeuerwehren. In allen anderen Fällen wird die Arbeitsleistung von Freiwilligen erbracht, während die Kosten für die technische Ausstattung von den Kommunen oder aus Spenden finanziert werden. Die Freiwilligen Feuerwehren bieten nicht nur Brandschutz, sondern bilden soziale Orte und Netzwerke, die das Gemeinwesen stärken. Sie haben sich gerade im ländlichen Raum als weit effektiver denn Berufsfeuerwehren erwiesen, die, so etwa in Griechenland, oft viel länger benötigen, um den Einsatzort zu erreichen.

Dass das Prinzip der Freiwilligen Feuerwehr auch auf andere Bereiche übertragbar ist – auf Kultur, Bildung, Mobilität, Gesundheitswesen, technische Versorgung –, zeigen die zahlreichen Beispiele im Hauptteil dieses Buches. Jenseits klassischer Vorstellungen entstanden Praktiken und Projekte der bürgerschaftlichen Selbstorganisation, welche nun Teile der Daseinsvorsorge in neuer Form gerade in dünn besiedelten Räumen gewährleisten. Durch die Entwicklung intelligenter lokaler Lösungen, durch die Aktivierung von sozialem Kapital und durch Synergien gelingt es oft, mit weit geringerem finanziellen Aufwand hochwertigere Leistungen zu garantieren und zugleich den sozialen Zusammenhalt zu stärken. Bedingung solcher Lösungen ist aber, dass sich die staatlichen Instanzen nicht zurückziehen, sondern sich im Sinne eines kooperativen Gewährleistungsstaates neu

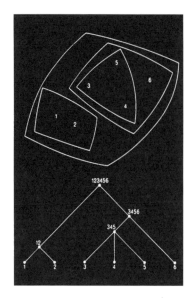

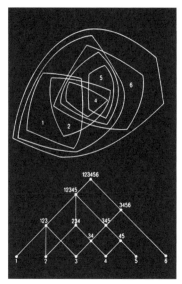

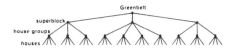

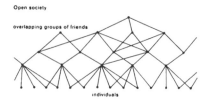

In seinem legendären Aufsatz von 1966 „A city is not a tree" kritisierte Christopher Alexander ein hierarchisches Verständnis städtischer Strukturen. Er weist nach, dass in gewachsenen städtischen Strukturen Überlappungen eine wesentliche Eigenschaft sind, die vielfältige und flexible Zuordnungen erlauben. In Konzepten der Moderne, wie etwa der Gartenstädte, dominieren aber hierarchische Modelle ohne Überlappungen.

formieren. Der Gewährleistungsstaat erbringt nicht mehr –
wie noch der Leistungsstaat – alle Dienstleistungen selbst,
sondern schafft – wie bei der Freiwilligen Feuerwehr – Voraussetzungen, die es den Bürgern ermöglichen, sich produktiv
für das je örtliche Gemeinwesen zu engagieren. Wo sich der
Staat hingegen lediglich zurückzieht, etablieren sich oft genug
undemokratische Organisationen, die über soziale Angebote
Sympathisanten und Mitglieder rekrutieren; sei es, dass
rechtsradikale Gruppen in ostdeutschen Dörfern und Klein-
städten Jugendtreffs und Volksfeste anbieten; sei es, um
ein internationales Beispiel zu nennen, dass die Hisbollah in
palästinensischen Flüchtlingslagern Teile des Schul- und
Gesundheitswesens in die Hand nimmt.
In dem neuen Modell des Gewährleistungsstaates müssen
allerdings auch Vorschriften und Gesetze geändert werden. Die
bisherige bürokratische Regulierung staatlicher Dienstleistungen
ist zu hinterfragen. Über Standardöffnungsklauseln müssen
flexible, lokal spezifische Lösungen ermöglicht werden. Dann
sollte etwa das Personenbeförderungsgesetz nicht mehr
festschreiben, dass zum Schutz des Taxigewerbes kein Bäcker-
oder Postauto auch Passagiere mitnehmen darf. Auch sollten
dann rigide Mindestgrößen die Nutzung von Gebäuden für
neue Aufgaben nicht mehr verhindern. An die Stelle messbarer
Sicherheit und exakt definierter Standards muss Vertrauen in
die lokalen Akteure treten. Das Einräumen von Ermessensspiel-
raum und die Stärkung lokaler Verantwortung führen nicht
nur zu erheblich größerer Effizienz, sie ermöglichen zudem die
aktive demokratische Teilhabe der Bürger.
Neben der neuen Verteilung der Aufgaben zwischen Staat
und Zivilgesellschaft erfordert die Umgestaltung ländlicher
Daseinsvorsorge auch ein anderes Raumverständnis. Aufbauend
auf dem Zentrale-Orte-Prinzip sind die Aufgaben der Daseinsvorsorge bisher hierarchisch und territorial gegliedert. So
agieren Kommunen, Landkreise, Regierungsbezirke und Bundesländer je für sich nach ihren gesetzlich definierten Aufgaben.
Damit bilden sich zwischen den Kommunen lokale Doppelungen
und Konkurrenzen aus. Ein weiteres Hindernis bilden die

Ressortgrenzen. Synergien aus der Verknüpfung verschiedener Aufgaben werden nicht genutzt.

Schon 1966 hatte Christopher Alexander in seinem Aufsatz „A city is not a tree" konstatiert, eine Stadt sei nicht hierarchisch gegliedert, sondern netzförmig verknüpft und bilde Querverbindungen und Überlagerungen. Gleiches gilt für den ländlichen Raum, der heute keineswegs mehr von den dörflichen Strukturen einer agrarischen Gesellschaft geprägt ist. Wirtschaftsakteure wie Bewohner nutzen den Raum vielmehr regional, sind oft verbunden mit überregionalen Netzwerken; die administrativen Strukturen und die Daseinsvorsorge aber sind kommunal zersplittert.

Ein alternatives Leitbild für die Organisation der Daseinsvorsorge könnte die regionale „Cloud" sein. Das Prinzip der Cloud oder Wolke wurde vor einigen Jahren im Bereich der Computerinfrastruktur eingeführt, um stark schwankende Nachfragen wirtschaftlich in den Griff zu bekommen und um Dritten Überkapazitäten anzubieten. In einer gemeinschaftlichen Rechnerwolke teilen vernetzte Personen und Institutionen die Kosten und den Nutzen der Infrastruktur. Analog ist vorstellbar, dass benachbarte Kommunen ihre Daseinsvorsorge in einer nicht hierarchischen, gemeinschaftlichen Wolke organisieren. Dann muss nicht mehr an jedem Ort alles vorgehalten werden, sondern nur garantiert sein, dass jeder einen adäquaten Zugang zu den benötigten Diensten hat. Die Idee der Cloud verbindet sich zudem mit der Stärkung gesellschaftlichen Engagements. Denn in einer nicht hierarchischen Verknüpfung kann jeder Konsument zugleich auch Produzent von Leistungen der Daseinsvorsorge sein. Die Trennung zwischen Anbietern und Nachfragern wird in der Rolle des Prosumenten aufgehoben. Diese Entwicklung öffnet dem ländlichen Raum neue Perspektiven, wie das Beispiel des Energiedorfes Güssing (siehe S. 104) zeigt. Wenn nämlich die Daseinsvorsorge nicht mehr von oben nach unten bereitgestellt wird, kann Wertschöpfung lokal erfolgen. Mit einer Selbstorganisation vor Ort werden Kosten gespart und Einnahmen erzielt, was zu erheblichen wirtschaftlichen Impulsen führen kann. Neue Technologien im Bereich

der Energieproduktion, der Kommunikations- und Informations-
technik fördern diese Entwicklungen.
Eine solche Neukonzeption der Daseinsvorsorge erfordert
auch in anderer Hinsicht eine andere räumliche Struktur. So wie
sich die örtlichen Bedingungen unterscheiden, so werden
sich auch die adäquaten Lösungen unterscheiden. Anstatt
einheitliche Normen, Gesetze und Anschlusszwänge durchzu-
setzen, sind Öffnungsklauseln nötig, um lokal spezifische
Lösungen zu erlauben. Während in dicht besiedelten Räumen
eine zentrale Versorgung sinnvoll sein kann, sind in dünn
besiedelten Räumen selbstverantwortete Lösungen etwa bei
Strom und Wasser oft praktikabler.
Wiewohl von der Politik tabuisiert, wurden in den letzten Jahren
zunehmend Modelle produktiver Ungleichheiten entwickelt.
Jürgen Aring plädiert mit seiner Idee der Selbstverantwortungsräume (siehe S. 42) dafür, einen lokal geringeren Umfang
von Daseinsvorsorge durch höhere Freiheitsgrade, eventuell
auch durch finanzielle Vorteile zu kompensieren. Damit wird
die Frage aufgeworfen, ob in ländlichen Räumen nicht andere
Konzepte von Governance als in städtischen Räumen verfolgt
werden sollten. Die Homogenität des Raumes, immerhin ein
Idealbild der Moderne, wird dabei allerdings infrage gestellt.
Dies geschieht in anderer Weise auch bei Modellen, die
neue Kostenstrukturen für die Daseinsvorsorge vorschlagen.
Bislang ist eine Leistung in der Regel überall gleich teuer,
unabhängig vom Aufwand ihrer Bereitstellung. Dem wird das
Verursacherprinzip gegenübergestellt: Jeder zahlt die Kosten,
die er verursacht. Dies bedeutet bei geringer Siedlungsdichte
oft deutlich höhere Kosten. Heutzutage ist die Besiedlung
der ländlichen Räume von deren Bewirtschaftung weitgehend
entkoppelt. Nur ein geringer Teil der Bewohner ist an den
Raum gebunden; die Mehrzahl lebt hier aufgrund der persönlichen Entscheidung für einen bestimmten Lebensstil. Soll
die Gemeinschaft die Folgekosten solcher individueller
Entscheidungen tragen? Oder ist es sozialer, wenn jeder die
Kosten trägt, die er mit seinen Entscheidungen verursacht?

Auf diese Fragen gibt es keine einfachen Antworten. Letztlich steht die Gesellschaft hier vor Zielkonflikten, die immer wieder aufs Neue auszuhandeln sind: Dezentralisierung fördert Teilhabe und demokratische Strukturen, während sozialer Ausgleich zentralstaatliche Organisation voraussetzt. Ob Daseinsvorsorge eher staatlich, privatwirtschaftlich oder zivilgesellschaftlich organisiert wird, ändert den Charakter des Gemeinwesens. Die Beiträge und Beispiele dieses Buches zeigen, dass die gesellschaftliche Praxis vor Ort Innovationen bereithält, die in der politischen Debatte noch gesucht werden.

Literaturhinweise

· Alexander, Christopher: A city is not a tree, in: Council of Industrial Design, Design Magazin Nr. 206, London 1966
· Christaller, Walter: Die zentralen Orte in Süddeutschland. Eine ökonomisch-geographische Untersuchung über die Gesetzmäßigkeit der Verbreitung und Entwicklung der Siedlungen mit städtischer Funktion, Jena 1933
· Christaller, Walter: Grundgedanken zum Siedlungs- und Verwaltungsaufbau im Osten, In: Deutsches Bauerntum, Heft 9, 1940, S. 305 – 312
· Forsthoff, Ernst: Der totale Staat, Hamburg 1933
· Forsthoff, Ernst: Die Verwaltung als Leistungsträger, Stuttgart-Berlin 1938

MEHR LEBENSQUALITÄT FÜR WENIGER MENSCHEN

HERAUSFORDERUNGEN FÜR EINE NEUE DASEINSVORSORGE IM PERIPHEREN LÄNDLICHEN RAUM

Claudia Neu

Die demografischen Fakten liegen seit geraumer Zeit auf dem Tisch: Deutschland schrumpft, wird älter und bunter! Es hat in den vergangenen Jahren nicht an medialer Aufbereitung der Folgen von Geburtenrückgang, Alterung und Migration gemangelt. Auch die Wissenschaft wird nicht müde, vor dem Kollaps der sozialen Sicherungssysteme zu warnen oder die regionalen Wanderungsbewegungen zwischen Ost- und Westdeutschland zu beschreiben. Bundeskonferenzen, Ausstellungen und Regionalsymposien haben die Deutschen mit der demografischen Lage der Nation vertraut gemacht. Woran liegt es also, dass die nunmehr bekannten Ursachen und Konsequenzen des demografischen Wandels landauf landab zu Rat- und Tatenlosigkeit führen? Innovative Lösungsansätze sind Mangelware und die Politik ergeht sich seit Jahren in hilflosen Absichtserklärungen. Werden fast über Nacht ganze Staaten vor dem finanziellen Ruin gerettet, so verfallen die europäischen Nationen im Anblick des demografischen Wandels in Angststarre.

DER DEMOGRAFISCHE WANDEL
WIRD VOR ORT KONKRET

Im Unterschied zur Finanzkrise, die unmittelbar den Zusammenhalt der EU und die Weltwirtschaft bedroht und vermeintlich schnelle politische Reaktionen erfordert, ist der demografische Wandel noch längst nicht für alle Städte und Gemeinden in gleicher Weise spürbar. Schulen schließen mangels Kindern und Jugendlicher in der Uckermark und in Stendal, nicht aber am Prenzlauer Berg oder im bayerischen Vilsbiburg. In den Speckgürteln der Großstädte entstehen nach wie vor Eigenheimsiedlungen und die Mieten sind kaum zu bezahlen, in Ostfriesland oder am Niederrhein hingegen verfallen die Miet- und Kaufpreise für Wohnungen und Häuser zusehends. Der demografische Wandel vollzieht sich eben nicht überall gleichförmig. Die Metropolregionen wie Berlin, München oder Hamburg werden auch in Zukunft Menschen anziehen, viele andere Regionen werden hingegen weiterhin Einwohner verlieren. Vor allem entlegene ländliche Räume – nicht allein in Ostdeutschland – und (Land-)Kleinstädte sehen sich seit einigen Jahren mit den unmittelbaren Folgen von Geburtenrückgang, Alterung und Wanderungsverlusten konfrontiert. Turnhallen bleiben ungenutzt, der Busverkehr ist praktisch auf den Schülerverkehr reduziert und die Schließung der nächstgelegenen Landarztpraxis steht ohnehin kurz bevor. In schrumpfenden Gemeinden und Städten ist eine flächendeckende und bezahlbare Daseinsvorsorge daher längst nicht mehr selbstverständlich.

Meldungen von der „demografischen Avantgarde" und „Best Practice"-Beispielen aus Mecklenburg-Vorpommern und Sachsen-Anhalt verhallen jenseits der Elbe fast ungehört, denn bisher erleben vor allem marginalisierte Räume (Ostdeutschland, ländliche Räume und „heruntergekommene" Stadtbezirke), die ohnehin nur als Negativfolie dienen und ohne große politische Lobby sind, die Folgen des Abbaus. Wer will schon von Hoyerswerda oder Stendal lernen?

Mithin obliegt es jeder Gemeinde, sich mit den Ursachen und Konsequenzen des demografischen Wandels vor Ort zu beschäftigen, Prognosen zu erstellen und möglicherweise

Lösungen zu suchen. Doch Rückbau, Abbau und Schließung lassen sich politisch deutlich schlechter verkaufen, als das Verteilen von Fördermitteln und Versprechen auf Spaßbäder. Wählerstimmen werden mit positiven Versprechen gewonnen. Auch nehmen sich Politiker beim Durchschneiden roter Bänder oder der Einweihung von Sporthallen in der Lokalpresse viel hübscher aus, als beim Schwenken der Abrissbirne.

INFRASTRUKTUR ALS INTEGRATIONSMASCHINE

Eine positive Wendung des demografischen Wandels und seiner Folgen will nicht recht gelingen, denn in einer Gesellschaft, die seit gut 150 Jahren auf industrielle Produktion, Wachstum und Wohlstand „programmiert" ist, können die Botschaften von Schrumpfung und Alterung nur mit Niedergang assoziiert werden. In allen westlichen Nationen hat die Industrialisierung und Urbanisierung zu einer Durchdringung der gesamten Arbeits- und Lebenswelt mit neuen Infrastrukturen wie Verkehrsnetzen, Wasserver- und -entsorgungsleitungen oder Telekommunikation geführt. Es fällt leicht, sich vorzustellen, dass die von elektrischem Licht hell erleuchteten Straßen der Großstädte einst Symbole von technischem Fortschritt und Modernität waren.

Infrastrukturen dienten jedoch nie allein als Vorleistung für eine industrielle Produktion und wirtschaftliches Wachstum, sondern sie wurden stets auch als Motoren einer territorialen Erschließung und sozialen Integration verstanden. Der Ausbau der Eisenbahn und Telekommunikation, ebenso wie der Wasser- und Abwassersysteme ermöglichte es, ganze Räume zu durchdringen, in Besitz zu nehmen und miteinander zu verbinden. Bis heute beherrschen Elektrizitätswerke, Eisenbahnbrücken oder Wassertürme das Stadt- und Landschaftsbild. Sie bilden Sichtachsen und stiften Identität. Ihre raumcodierende Wirkung haben Infrastrukturen nicht verloren, selbst wenn sie längst stillgelegt sind. So wird verständlich, dass der Rückbau von öffentlicher Infrastruktur als Aufgabe ganzer Regionen und Rückzug staatlicher Kontrolle erlebt wird.

Der Aufbau der öffentlichen Infrastruktur setzte jedoch nicht nur auf wirtschaftliches Wachstum und räumliche Erschließung,

sondern wirkte zugleich sozial integrativ.[1] Die flächendeckend
allen Menschen unabhängig von ihrer sozialen Herkunft bereit-
gestellten Leistungen wie Gesundheitsversorgung, Bildung
oder öffentlicher Personennahverkehr (ÖPNV) ermöglichten im
Verlauf des 19. und 20. Jahrhunderts immer mehr Menschen
eine Teilhabe am gesellschaftlichen Wohlstand. Mehr noch:
Klassenschranken und soziale Unterschiede sollten eingeebnet
werden. Die Einführung der Schulpflicht nach dem Sprengel-
prinzip (Kinder aus einem Stadtbezirk besuchen eine Schule)
führte beispielsweise in Berlin-Mitte dazu, dass nun Kinder
aus dem Vorderhaus oder der Beletage mit Kindern aus den
Hinterhöfen gemeinsam in eine Klasse gingen.[2] Ergänzt um
Arbeitslosenversicherung, Renten und andere absichernde
Leistungen wurden die öffentlichen Angebote der Daseinsvor-
sorge zu Grundpfeilern des sorgenden Wohlfahrtsstaates.
Das Zusammenspiel von Industrialisierung und sorgendem
Wohlfahrtsstaat hat in Deutschland mithin ein besonderes
Staatsverständnis hervorgebracht, das sich in dem politischen
Leitgedanken der „Gleichwertigkeit der Lebensverhältnisse"
manifestiert.[3]
Der Gedanke der Integration durch Infrastrukturen erlebte
im Zuge der Wiedervereinigung noch einmal eine Hochzeit, denn
Autobahnen und Gewerbegebiete sollten die Angleichung der
Wirtschafts- und Lebensverhältnisse in Ost und West schnellst-
möglich herbeiführen. Nun aber gefährden demografischer
Wandel und Finanznot der öffentlichen Kassen eben diese
Grundfesten des bundesrepublikanischen Selbstverständnisses,
denn sie fragen nach dem Zusammenhang von Infrastruktur
und wirtschaftlicher Prosperität, territorialer Ungleichheit und
sozialer Kohäsion. Welche Funktionen sollen Infrastruktursysteme in Zukunft erfüllen? Kann die territoriale Integration
von Räumen wie beispielsweise der Eifel oder Ostvorpommerns
und die soziale Integration von Bevölkerungsgruppen durch
Infrastrukturangebote auch weiterhin gelingen? Welche neuen
Angebotsformen müssen gefunden werden, um die Daseinsvorsorge und Teilhabe der Bevölkerung aufrecht zu erhalten
(flexibler, bürgernah, weniger/mehr, qualitativ besser)?

IN FUNKTIONEN, NICHT IN STRUKTUREN DENKEN

Rückbau, Umbau und Schließung bestimmen vielerorts den Umgang mit Schrumpfung und Finanznot. So folgt die Anpassung an den demografischen Wandel der immer gleichen Logik: Weniger Menschen brauchen weniger Infrastruktur. Diese Demografisierung der Argumentation lässt das politische Handeln als zwangsläufig richtig erscheinen, offenbart aber zugleich, dass die infrastrukturellen Um- und Rückbaumaßnahmen nach wie vor fest an den Vorstellungen industriegesellschaftlicher Produktion und wirtschaftlichem Wachstum orientiert sind. Noch immer wird Infrastruktur fast ausnahmslos als technische Infrastruktur verstanden, Investitionen erfolgen weiterhin vor allem in bauliche Strukturen, wie auch das Konjunkturpaket der Bundesregierung zeigte. „Weiche" Infrastrukturen wie Bildung oder Kultur fallen zuerst den Sparmaßnahmen zum Opfer. Viele Kommunen sehen auch nur hier Einsparpotenzial, denn einmal gebaute Straßen und überdimensionierte Kanalsysteme müssen nun unterhalten werden. Letztlich führen diese Sparmaßnahmen aber lediglich zu einem noch weniger – weniger Volkshochschule, weniger ÖPNV, weniger Spielplätze. Entgegen anderslautender politischer Beschwörungen, dass die Gleichwertigkeit der Lebensverhältnisse nicht aufgegeben werde, hat diese „kalte Sanierung" in vielen ländlichen Gemeinden längst Wirkung gezeigt. Für viele Bewohner haben sich die Zugangs- und Teilhabemöglichkeiten im Hinblick auf ÖPNV, Versorgung mit Gütern des täglichen Bedarfs oder Freizeit- und Kommunikationsmöglichkeiten bereits deutlich eingeschränkt. So tritt neben dem Mangel an Arbeitsplätzen ein Mangel an Lebensqualität und Öffentlichkeit, der diese peripheren Räume weiter schwächt.

Dieses, den technischen Infrastrukturen zumeist innewohnende Beharrungsvermögen, das sich in Leitungen, Fördermaßnahmen und Mentalitäten manifestiert, scheint jedoch zu verhindern, dass darüber nachgedacht wird, was Infrastrukturen eigentlich leisten sollen, was ihre gesellschaftlichen Funktionen sind[4] und wo alternative Nutzungskonzepte liegen könnten. Geht es um den Erhalt der Bauwerke, Mindestklassengröße oder

Buskonzessionen? Oder geht es um Versorgung, Teilhabe und Mobilität der Bevölkerung?

Werden weiterhin allein Inputkriterien (Mindestklassenstärke, Liniennetze, Bettenzahlen) herangezogen, um die Ausstattung mit Infrastruktur zu bestimmen, so wird sich die bereits heute prekäre Versorgungslage in entlegenen ländlichen Räumen zunehmend verschärfen. Dabei geht es gar nicht darum, dass in allen Regionen die Ausstattung mit Infrastruktur gleich hoch sein soll, sondern dass ein Wechsel hin zu einer Orientierung an Outputkriterien für Infrastrukturen vorgenommen wird (Was ist das gesellschaftliche Ziel? Mit welchen Mitteln kann dieses Ziel erreicht werden?). Gleichzeitig gilt es, den alten infrastrukturpolitischen Leitgedanken der Teilhabe über Infrastrukturen neu zu beleben. Bisher werden Einkaufsgelegenheiten, Verwaltung und Kultur in den nächstgrößeren Orten zentralisiert, zugleich wird aber der ÖPNV auf ein kaum zu unterbietendes Minimum heruntergefahren. Mit dem Verweis auf Vollmotorisierung der Landbevölkerung und umfassender Nachbarschaftshilfe wird die Problematik der schwindenden Nahversorgung kleingeredet und darüber hinaus verdeckt, dass die Kosten des Rückzugs der Infrastruktur aus der Fläche einseitig zulasten der Bewohner eben dieser Regionen gehen. Doch Teilhabe lässt sich längst anders organisieren. Wenn diese Einrichtungen nicht mehr vor Ort sind, dann muss zumindest ihre Erreichbarkeit (für den Einkauf, Verwaltungsgänge oder Arztbesuche) per ÖPNV, verlässlicher flexibler Mobilitätskonzepte oder mittels moderner Telekommunikation wie Skype oder E-Mail umfassend gewährleistet werden. Besser noch: Die Dienstleistungen kommen zu den Bürgern (Service to the People). Die gerade anlaufende Dorfladenwelle, die eine Lebensmittelversorgung mit weiteren Dienstleistungen wie Post, Bank, Versicherung oder Reinigungsservice kombiniert, ist ein gutes Beispiel dafür. Auch Zweigstellen von Arztpraxen und rollende Bürgerbusse oder mobile Verwaltungsangestellte gehören in diese Kategorie.

NEUE AKTEURE GEWINNEN

Zugegebenermaßen, es ist nicht leicht, die Krise als Chance zu sehen. Doch andererseits stehen die Chancen gut, jetzt nicht in erfolglosen Anpassungsversuchen stecken zu bleiben, sondern innovative Lösungen zu suchen und ein neues Miteinander zwischen Staat, Markt und Bürgern zu wagen.[5] Stuttgart 21 zeigt, dass die Bereitschaft sinkt, Geld für Großprojekte auszugeben, wenn anderenorts Geld für Schulen und Kitas fehlt. Doch Mitwirkung braucht neue Formen jenseits der bisher üblichen Beteiligungsverfahren bei Bauvorhaben. Es geht um Mitentscheiden und Verantwortungsübernahme in der eigenen Gemeinde. In Deutschland fällt dies jedoch besonders schwer, da traditionell öffentliche Dienstleistungen von Kommunen und mittlerweile auch von privaten Anbietern bereitgestellt werden – nicht aber von Bürgern. Das Fenster der Möglichkeiten öffnet sich zurzeit einen Spaltbreit, um neue Organisationsmodelle zu erproben. Wo wollen und wo können Bürger bei der Leistungserbringung mitwirken? Beim ÖPNV gibt es erste Erfahrungen mit den Bürgerbussen. Doch wie sieht es bei der Wasserversorgung aus? Oder ist der Winterdienst eine Aufgabe für Bürger? Diese Fragen lassen sich nur beantworten, wenn anders als bisher gewohnt, das „Gesamtpaket Infrastruktur" aufgeschnürt wird und Infrastruktursysteme wie ÖPNV, Gesundheit oder Wasserversorgung einzeln betrachtet werden.[6] Wo ist eine Mitwirkung von Bürgern möglich, wo erwünscht? Wo sind Standards überholt, wo kann neu verhandelt werden? Bei der Wasserqualität? Nein, aber vielleicht über den Winterdienst oder bei der Pflege öffentlicher Plätze? Wenn Winterdienste nicht mehr erbracht werden oder der öffentliche Mülleimer monatelang nicht mehr gereinigt wird, ist es Zeit darüber nachzudenken, ob für diese Leistungen noch Abgaben zu entrichten sind. Es bleibt dann Entscheidung der Bürger, ob sie fegen oder nicht. Zu beachten gilt jedoch, dass Bürger sich nicht als Ausfallbürge für weggefallene staatliche Leistungen missbrauchen lassen wollen. Daher braucht Mitwirkung (rechtliche) Handlungsspielräume und (finanzielle) Anreize. Diese Haltung würde aber auch voraussetzen, dass unsere Gesellschaft lernt, mit einer neuen Form von Selbstverantwortung und Risiko zu leben.

MEHR LEBENSQUALITÄT FÜR WENIGER MENSCHEN

Schrumpfung und Rückbau verlieren erst dann ihren Schrecken, wenn nicht allein Wohlfahrtseinbußen damit verbunden sein werden, sondern der Umbau des Sozialstaates Städten und Dörfern neue Freiheiten, Handlungsmöglichkeiten und mehr Lebensqualität ermöglicht. Wenn flexible Angebotsformen nicht allein dem Primat des Sparzwangs unterworfen werden, sondern sich an den Bedarfen der Bürger orientieren, bieten sie Raum für angepasste Lösungen. Wir brauchen neue Formen von Gemeindeentwicklung, die von der Bürgerschaft selbst entwickelt und verantwortet werden und in vielen Ländern wie den USA oder Skandinavien längst praktiziert werden. Dafür benötigen die Kommunen aber finanzielle Entscheidungsspielräume und die Bürger Mitwirkungsmöglichkeiten. Der Gewinn wird mehr Lebensqualität für weniger Bürger sein, zum Preis von mehr Selbstverantwortung und höherer Risikobereitschaft.

1 Laak, Dirk van: Der Begriff der „Infrastruktur" und was er vor seiner Erfindung besagte, in: Archiv für Begriffsgeschichte, Bd. 41 (1999), S. 280–299; siehe auch: Laak, Dirk van: Garanten der Beständigkeit. Infrastrukturen als Integrationsmedien des Raumes und der Zeit, in: Doering-Manteuffel, A. (Hrsg.): Strukturmerkmale der deutschen Geschichte des 20. Jahrhunderts, München 2006, S. 167–180
2 Tenorth, Heinz-Elmar: Fachgespräch, IAG Globaler Wandel – Regionale Entwicklung, Berlin Brandenburgische Akademie der Wissenschaften, unveröffentlichtes Manuskript, 2010
3 Kersten, Jens: Abschied von der Gleichwertigkeit der Lebensverhältnisse. Der „wirtschaftliche, soziale und territoriale Zusammenhalt" als neue Leitvorstellung für die Raumplanung, in: UPR – Umwelt und Planungsrecht, Jg. 26, Nr. 7 (2006), S. 245–252
4 Barlösius, Eva / Keim, Karl-Dieter / Meran, Georg / Moss, Timothy / Neu, Claudia: Infrastrukturen neu denken: gesellschaftliche Funktionen und Weiterentwicklung, in: Hüttl, Reinhard F. / Emmermann, Rolf / Germer, Sonja / Naumann, Matthias / Bens, Oliver (Hrsg.): Globaler Wandel und regionale Entwicklung. Anpassungsstrategien in der Region Berlin-Brandenburg, Berlin 2011, S. 147–173
5 Neu, Claudia (Hrsg.): Daseinsvorsorge. Eine gesellschaftswissenschaftliche Annäherung, Wiesbaden 2009
6 Barlösius, Eva / Neu, Claudia: Gleichwertigkeit – Ade? Die Demographisierung und Peripherisierung entlegener ländlicher Räume, in: Prokla 36 (2007), S. 77–92

STATUS QUO

Altmark, Sachsen-Anhalt 2011

Michael Uhlmann

POSITIONEN

INVERSE FRONTIERS

SELBSTVERANTWORTUNGSRÄUME

Jürgen Aring

Den Begriff „Frontier" im Kontext des Alltagslebens in Deutschland zu gebrauchen, scheint auf den ersten Blick nicht angemessen. Frontier heißt wörtlich übersetzt Grenze beziehungsweise Grenzland, und geläufig ist uns der Begriff zunächst aus dem Kontext der westwärts schreitenden Besiedlung Nordamerikas im 18. und 19. Jahrhundert. Als Frontier galt in dieser Zeit der neu erschlossene Siedlungsraum zwischen geordnetem Staat und Wildnis, der mit der Ausdehnung der USA immer weiter nach Westen vorgeschoben wurde. In diesen Grenzräumen waren die Siedler weitestgehend auf die eigenen Kräfte und die Solidarität der Nachbarschaften angewiesen, um zunächst überleben und später erfolgreich wirtschaften zu können. Eine staatliche Ordnung bestand kaum, es existierte nicht einmal ein staatliches Gewaltmonopol zur Durchsetzung von Sicherheit und Ordnung. Letzteres prägt die Bücher, Bilder und Filme vom Wilden Westen, in dem der schießend seinen Grund und sein Vieh verteidigende Farmer selbstverständlich dazugehört. Offiziell wurde die Frontier-Periode 1890 für abgeschlossen erklärt, als das ganze Gebiet der Lower 48 (USA ohne Alaska und Hawaii) großräumig erschlossen, die Indianer in Reservate zurückgedrängt und überall staatliche Strukturen etabliert waren. Geblieben ist die amerikanische Grundhaltung, dass man selbst für sein Glück und Fortkommen verantwortlich sein will. Der Staat wird in diesem Sinne skeptisch beäugt. Man sieht in ihm eher einen Gefährder der individuellen Freiheit als einen sozialen Kümmerer. Deswegen stößt eine Ausweitung des staatlichen Einflusses in den USA schnell auf breiten Widerstand, selbst wenn es sich – aus einer deutschen Perspektive – um vernünftige Reformen handelt, wie zum Beispiel die Einführung einer allgemeinen Gesundheitsversicherung.
Dieses Denken ist den Bürgern wie den Politikern in der Bundesrepublik Deutschland zunächst einmal fremd. Im Grundgesetz

haben wir den „demokratischen und sozialen Bundesstaat"
verankert (GG Art. 20, Abs. 1). Neben der Demokratie und dem
Föderalismus gehört die Sozialstaatlichkeit zu den zentralen
Prinzipien von Gesellschaft und Politik. Mit dem Sozialstaats-
prinzip widmet sich der Staat dem Ziel, individuelle Lebensrisiken
zu reduzieren, unverschuldete negative Folgewirkungen der
Marktwirtschaft abzufedern und so soziale Gerechtigkeit und
Sicherheit herzustellen. Natürlich ist dies kein absolutes Ziel,
sondern ein Richtungsziel, um dessen konkrete Ausgestaltung
politisch heftig gerungen werden kann. Doch dem Grundgedanken eines sozialen Ausgleichs und sozialer Gerechtigkeit
entzieht sich kaum jemand, er prägt das politische Denken und
Handeln des Landes.
Der Sozialstaat hat mit dem Prinzip der „Gleichwertigkeit der
Lebensverhältnisse" auch sein räumliches Pendant. Es zielt
darauf ab, einen räumlichen Ausgleich zwischen leistungsstarken
und -schwachen Räumen herbeizuführen. Umgesetzt wird es
durch die Finanzausgleiche auf Länder- und Kommunalebene
sowie durch die regionale Strukturpolitik und Agrarpolitik,
über die Fördermittel zur Verbesserung der Wirtschaftsstruktur
und des Infrastrukturausbaus in die schwächer entwickelten
Räume gelenkt werden. Schließlich sehen auch Raumordnung
und Landesplanung seit Jahrzehnten eine zentrale Aufgabe
im Abbau räumlicher Disparitäten. Durch die flächendeckende
Ausweisung von Ober- und Mittelzentren, für die im Hintergrund infrastrukturelle Ausstattungskataloge aufgestellt wurden,
ist der gleichmäßige Ausbau der Infrastruktur in der Republik
vorbereitet worden. Dabei zeigt die Idee der zentralörtlichen
Stufung, dass nicht alles überall bereitgestellt werden kann.
Vielmehr bedarf es eines gestuften Konzeptes, das den unterschiedlichen Reichweiten Rechnung trägt. So ist das Netz
der Grundschulen dichter als das der Gymnasien, Hausärzte
sind mehr in der Fläche verteilt als Krankenhäuser.
Der Raum, in dem alle Funktionen und ein vielfältiges und hin-
reichendes Arbeitsplatzangebot bereitgestellt werden konnten,
wurde konzeptionell als „ausgeglichener Funktionsraum"
bezeichnet. Faktisch handelt es sich dabei um oberzentrale

Verflechtungsbereiche oder auch Arbeitsmarktregionen. Entwickelt wurde das Konzept vor dem Erfahrungshintergrund der 1960er und 1970er Jahre der alten Bundesrepublik, das heißt einer allgemein hohen Bevölkerungsdichte, einem eng-maschigen polyzentrischen Städtesystem, wirtschaftlicher Prosperität und einem finanzstarken expandierenden öffentlichen Sektor. Auch wenn das Konzept mittlerweile Jahrzehnte alt ist und in der aktuellen raumordnerischen Fachdebatte nicht weiter erwähnt wird, ist es in der Sache bisher nicht grund-sätzlich infrage gestellt worden. Allenfalls das 2006 von der Ministerkonferenz für Raumordnung verabschiedete Leitbild der Raumentwicklung „Wachstum und Innovation" und der damit eng verbundene Metropolregionendiskurs rütteln ein wenig an der gewohnten Sichtweise. Insgesamt bleibt das etablierte Konzept jedoch weiter wirkmächtig. Es ist aber unmittelbar klar, dass das Ziel in der gewohnten Form schwierig einzulösen ist, wenn die Voraussetzungen nicht stimmen oder die Entwicklung in Richtung Bevölkerungsrückgang, Metropolisierung und öffentliche Armut läuft.
Gleichwertige Lebensverhältnisse sind – wie eingangs gesagt – ein Richtungsziel. Gewisse Unterschiede und regionale Besonder-heiten sind damit durchaus vereinbar, eine Nivellierung war nie angestrebt worden. Allerdings ist die Vorstellung von sozialer und räumlicher Gerechtigkeit über die Jahre so fest in den Köpfen verankert, dass der von den Bürgern akzeptierte Korridor der Unterschiede eng begrenzt ist. Man kann durchaus von einem ungeschriebenen Gesellschaftsvertrag sprechen, der die Spielräume des Denkens, Fühlens und Handelns vorbestimmt. In der Pflicht sieht man „den Staat" oder – etwas salopper formuliert – „die da oben". Im Gegensatz zu den USA wird in Deutschland von „denen da oben" erwartet, dass sie sich um soziale und räumliche Gerechtigkeit kümmern.
Doch die Kontexte befinden sich im Wandel. Oft wird beklagt, dass sich alles so schnell ändert: ökonomisch, politisch, gesellschaftlich. Viele Schlüsselbegriffe der vergangenen zwei Jahrzehnte – postsozialistische Transformation, Informations- und Kommunikationsinnovationen, Tertiärisierung,

Globalisierung, Neoliberalismus – weisen durchweg auf massive Veränderungen hin. Dazu kommt der demografische Wandel, der vereinfachend auf die markante Formel „Weniger, älter, bunter" gebracht wird. Das alles trifft die Republik als Ganzes, doch es wirkt sich regional unterschiedlich aus. Denn sowohl die regionalen Ausgangssituationen als auch die Intensität der Veränderungen unterscheiden sich.

Überlagert man in Karten die Parameter dünne Besiedlung, Bevölkerungsrückgang und öffentliche Finanzknappheit, so zeichnen sich in Sachsen-Anhalt, Brandenburg und Mecklenburg-Vorpommern große Teile des deutschen Nordostens ab. Hier – so die These – gibt es Räume, in denen sich das Ziel der gleichwertigen Lebensverhältnisse und die Bereitstellung von Einrichtungen der Daseinsvorsorge in der gewohnten Form immer schlechter einlösen lässt. Wegen der dünnen Besiedlung sind die Wege zu den zentralen Orten weit. Der anhaltende Bevölkerungsrückgang und die Verschiebungen der Alters-struktur entziehen Infrastruktureinrichtungen die Nachfrage und gefährden Standorte. Die öffentliche Armut und die öko-nomische Entwicklung begünstigen Konzentrationsprozesse zur Kosteneinsparung, auch wenn es technisch und organisatorisch durchaus Dezentralisierungspotenziale gibt.

Diese Beschreibung gilt auch für die Altmark im Norden Sachsen-Anhalts. In zwei Landkreisen, die zusammen ungefähr doppelt so groß sind wie das Saarland, leben nur gut 200.000 Einwohner, und die Bevölkerung sinkt weiter. Schon jetzt ist die Bevölkerungsdichte mit ungefähr 50 Einwohnern pro Quadrat-kilometer gering, was eher jütländischen oder südschwedischen Werten entspricht. Das Städtenetz ist dünn, die größten Kom-munen haben sich um die Hansestädte Stendal und Salzwedel (mit derzeit etwa 40.000 beziehungsweise 25.000 Einwohnern) gebildet. Darunter wird es sehr schnell kleinteilig, mit vielen Dörfern beziehungsweise kleinen selbstständigen Kommunen. Hier wird der demografische Wandel in Verbindung mit den anderen Entwicklungen zu einer großen Herausforderung, wenn zum Beispiel Schulen in der Fläche geschlossen werden, Landarztpraxen nicht nachbesetzt werden können, Feuerwehren

EINWOHNERDICHTE

Einwohner
je km² Katasterfläche 2009

- unter 100
- 100 bis 200
- 200 bis 500
- 500 bis 1000
- 1000 und mehr

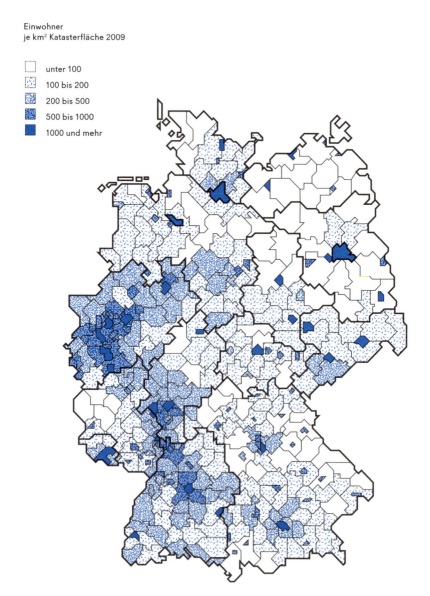

KOMMUNALE STEUEREINNAHMEN

Kommunale
Steuereinnahmen 2009
in Euro je Einwohner

- [ ] unter 350
- [ ] 350 bis 500
- [ ] 500 bis 650
- [ ] 650 bis 800
- [ ] 800 und mehr

nicht mehr einsatzfähig sind, Dorfgemeinschaftshäuser und Sportanlagen nicht mehr finanziert werden können, die Kosten für den Betrieb leitungsgebundener Infrastruktur steigen und der eh schon spärliche Busverkehr nicht mehr gehalten werden kann. Man muss sich fragen, wie sich das Leben in der Fläche zukünftig organisieren lässt, denn der Raum wird nicht leerlaufen. So besteht die Aufgabe, die Strukturen anzupassen, damit der Alltag weiterhin funktioniert. Es bedarf neuer, oder zumindest ungewohnter Lösungen, um Bildung, Gesundheitsversorgung, Kommunikation, Wasserver- und Abwasserentsorgung sinnvoll zu ermöglichen. Das kann charmante Lösungen hervorbringen, doch eher ist mit unbequemen Anpassungen zu rechnen. Wenn sich Veränderungen schon nicht vermeiden lassen, dann sollte man den Bürgern, den zivilgesellschaftlichen Gruppen und vor allem auch den politischen Mandatsträgern in den betroffenen Räumen die Möglichkeit geben, den Wandel (mit) zu gestalten. Und man muss auch Optionen für Zukunftszuversicht und Stolz eröffnen.

Hier möchte ich nun wieder die Begriffe „Frontier" und „Selbstverantwortung" in die Diskussion einbringen. Schrumpfung in dünn besiedelten Räumen muss man sich als „inverse Frontier" vorstellen. Die „klassische Frontier" wird — wie oben dargestellt — von mutigen Einzelkämpfern erobert, bevor sich ein organisiertes Gemeinwesen bildet. Es gibt einen Selbstverantwortungs-druck, aber auch Freiräume, die im geordneten Hinterland unvorstellbar und vielleicht auch ungewünscht sind. Die inverse Frontier steht hingegen für Räume, in denen das organisierte Gemeinwesen schwächer wird, weil Daseinsvorsorgeeinrich-tungen ausgedünnt, abgebaut beziehungsweise konzentriert werden oder weil Angebote nur noch zu viel höheren Preisen bereit gestellt werden, die kaum jemand bezahlen kann oder will. Es entwickelt sich ein „Selbstverantwortungsraum".

Die Erwartungen der Bürger an die „etablierten Kümmerer" werden immer wieder enttäuscht, denn Letztere sind relativ hilf-los. Sie haben keine richtigen Antworten, und halten deshalb solange es geht am Bewährten fest, passen Strukturen nur unter Druck schrittweise an und vermitteln gerne die Botschaft, dass damit nun das Schlimmste überstanden sei. Tatsächlich bricht ja auch nichts vollständig zusammen. Der beschriebene Wandel, der örtlich teilweise sehr schmerzlich ist, vollzieht sich in einem robusten Staat, in dem die etablierten Strukturen und Mechanismen eine hohe Stabilität und Kontinuität aufweisen. Zwar ist – wie alle regionalisierten Bevölkerungsprognosen einhellig zeigen – für weite Bereiche Deutschlands ein Bevölkerungsrückgang absehbar, doch inverse Frontiers oder Selbstverantwortungsräume entstehen darin nur teilweise, nämlich in den besonders dünn besiedelten Regionen mit einem weitmaschigen Städtenetz, insbesondere im Nordosten Deutschlands. Flächenmäßig sind es große Gebiete, in denen jedoch nur ein kleiner Anteil der 80 Millionen Einwohner Deutschlands lebt. Insofern sind die Erwartungen an eine Solidarität der stabilen Räume zugunsten der entstehenden inversen Frontiers verständlich. Doch die interregionale Solidarität, die die Orientierung am Postulat der gleichwertigen Lebensverhältnisse hervorbringt, wird allein nicht ausreichen, wie sich an den heftigen Diskussionen über die Ausgestaltung von Länderfinanzausgleich und Kommunalfinanzierung immer wieder zeigt. Es ist nicht absehbar, dass sich die Probleme in den entstehenden inversen Frontiers einfach wegsubventionieren lassen.

So besteht ein weitergehender Handlungsbedarf. In Sachsen-Anhalt wurde unter anderem deswegen die IBA Stadtumbau etabliert, deren Ergebnisse 2010 präsentiert wurden. Vorrangig richtete sie den Fokus auf den Stadtumbau in den Mittelstädten des Landes, die in den letzten Jahren starke Bevölkerungs- und Arbeitsplatzverluste bewältigen mussten. Leerstände, Brachen, Funktionsverluste und Identitätskrisen waren die Ausgangspunkte für urbane Projekte, die neue Inhalte und Verfahren im Stadtumbau erprobten. Eine Ausnahme von dieser „Stadtorientierung" bildete die Hansestadt Stendal, die mit ihrem Projekt „Zentraler Ort im ländlichen Raum" einen explizit regionalen Zugang gewählt hatte und damit über ihre administrativen Grenzen hinaus dachte. Auf diese Weise richtete sie den Blick auch auf die Kleinstädte, Dörfer, Weiler und Splittersiedlungen, die den Norden Sachsen-Anhalts mindestens so

PROGNOSE BEVÖLKERUNG

Veränderung
der Bevölkerungszahl
2009 bis 2025 in %

- unter -7,5
- -7,5 bis -2,5
- -2,5 bis +2,5
- +2,5 bis +7,5
- +7,5 und mehr

SCHRUMPFUNGSSZENARIO

Statistische Betrachtung der Schrumpfungs-
auswirkung auf die Siedlungsfläche im
Landkreis Stendal, Sachsen-Anhalt

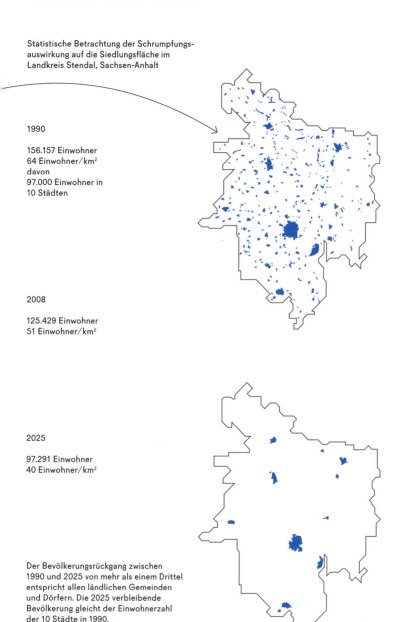

1990

156.157 Einwohner
64 Einwohner/km²
davon
97.000 Einwohner in
10 Städten

2008

125.429 Einwohner
51 Einwohner/km²

2025

97.291 Einwohner
40 Einwohner/km²

Der Bevölkerungsrückgang zwischen
1990 und 2025 von mehr als einem Drittel
entspricht allen ländlichen Gemeinden
und Dörfern. Die 2025 verbleibende
Bevölkerung gleicht der Einwohnerzahl
der 10 Städte in 1990.

sehr prägen wie die wenigen – wenn auch markanten – Städte. Aus fachlicher Perspektive war das ein sehr vernünftiger Schritt. Zum einen trifft der demografische Wandel die Dörfer ebenso wie die Städte, zum anderen hängen die Perspektiven der zentral-örtlichen Infrastruktur der Kernstadt auch von der Entwicklung der Nachfrage im Umland ab. Politisch war die Zeit jedoch noch nicht reif für eine solche integrierte Sichtweise, sodass die Bemühungen der städtischen Vertreter in der Region und bei den für regionale Themen zuständigen Fachbehörden vorrangig auf Skepsis, Konkurrenzgefühle oder Desinteresse trafen. Trotzdem haben der IBA-Prozess in der Altmark, die Resultate des Stendaler IBA-Projektes und die Diskussionsrunden im Zuge des Präsentationsjahres 2010 die Ideenentwicklung über die Bewältigung des demografischen Wandels in inversen Frontiers ein Stück weit voran gebracht.

Das unglücklichste denkbare räumliche Szenario für die inversen Frontiers oder Selbstverantwortungsräume ist eine Kombination aus schwachen Städten und schwacher Region, wie sie aus einer halbherzigen Konzentration der Restinfrastruktur in wenigen zentralen Orten und einer Dispersion der Bevölkerung in der Fläche entstehen würde. Das ist teuer, erzeugt weite Wege, erfordert eine hohe Autoabhängigkeit und wird viele überfordern. Deswegen ist die Stabilisierung der Mittelstädte eine wichtige Aufgabe. Sie müssen nicht nur als zentrale Orte, sondern auch als demografisch stabile Zonen mit einem vielseitigen, attraktiven Wohnungsangebot und hoher Lebens-qualität überzeugen. Gelingt dies, so ist in den dünn besiedelten schrumpfenden Räumen eine starke Differenzierung der Lebensbedingungen zwischen Mittelstadt und Land, zwischen zentralem Ort und Verflechtungsraum oder – ganz vereinfacht – zwischen „innen und außen" zu erwarten. Die Folgen der schrumpfungsbedingten Anpassungen werden die Menschen je nach Wohnstandort unterschiedlich treffen.

Für die infrastrukturelle Versorgung und das alltägliche Leben in den inversen Frontiers macht es einen großen Unterschied, ob man in den wenigen größeren Städten, in ihrer Nähe oder in kleinen abgelegenen Dörfern wohnt, ob man zentral oder peripher lebt. Die geringsten individuellen Anpassungslasten hat man erstaunlicherweise in den Mittelstädten zu tragen, obwohl gerade diese so massiv geschrumpft sind und man dort die Veränderungen des demografischen Wandels am deutlichsten sehen kann. In den inversen Frontiers kann man in den wenigen funktionierenden Städten und ihrem engeren Umland trotz aller Veränderungen versprechen, dass sich dort annähernd weiterhin so leben lässt wie auch im Rest des Landes. Deswegen spreche ich hier mit einem Arbeitsbegriff von „Garantiezonen". In den Zwischenräumen, wo in verinselten Zonen die großen Veränderungen intensiv spürbar werden, kann man das Versprechen nicht geben. Dort sind härtere Anpassungen absehbar, die auch individuell mehr Selbstverantwortung abverlangen. Deswegen nutze ich für diese Räume den Arbeitsbegriff „Selbstverantwortungszonen". Garantiezone und Selbstverantwortungszone klingen nach einer klaren räumlichen Trennung, die man durch ein Schild markieren kann. Das ist jedoch überzogen, denn im Alltag werden die Übergänge zwischen diesen Zonen weich sein, da „innen und außen" je nach Anpassungsdruck unterschiedlich zu definieren ist. Obwohl man Garantie- und Selbstverantwortungszonen zunächst als Gegensätze auffassen kann, sollte man sie stattdessen als zwei räumliche Varianten innerhalb der inversen Frontiers begreifen, die insgesamt unter einem demografisch bedingten Anpassungsdruck stehen. Die Forderung nach „mehr Selbstverantwortung" muss deshalb mehrschichtig gedacht werden, sowohl räumlich wie auch in Bezug auf die Akteure.

Erstens: Die betroffenen Regionen müssen mehr politische und administrative Entscheidungs- und Gestaltungsspielräume vom Staat (Bund und Ländern) zurück erhalten. Das heißt, die kommunale Ebene muss als Selbstverantwortungsebene wieder gestärkt werden. Dazu muss sie auch räumlich so gefasst sein, dass sie die Konflikte verhandlungs- und gestaltungsfähig macht. Sie muss gleichermaßen Garantie- wie Selbstverantwortungszonen umfassen. Das kann in den meisten Fällen nur über Territorialreformen gelingen, die Großkommunen mit 25.000 bis 40.000 Einwohnern entstehen lassen. Anstelle kleiner

Primärkommunen und großer Landkreise, die bisher einerseits das Bedürfnis nach lokaler Identität und andererseits das Erfordernis nach effizienter Verwaltung bedienen, wird eine neue kommunale Einheitsstruktur geschaffen. Hier kann einerseits im politisch verfassten mittelzentralen Verflechtungsraum entschieden werden, wie weit es mit der Differenzierung in Garantie- und Selbstverantwortungszonen gehen muss und wie das räumlich zu fassen ist. Gleichzeitig kann der normative Druck, der in den Begriffen Garantie- und Selbstverantwortungszone angelegt ist, durch ortsspezifische, von staatlichen Regularien abweichende Lösungen abgemildert werden.

Dies lässt sich am Beispiel leitungsgebundener Infrastruktur verdeutlichen. Wenn keine Anschlusszwänge bestehen, kann man auf kommunaler Ebene entscheiden, wo zu welchen Kosten zentrale leitungsgebundene Lösungen und wo dezentrale Lösungen sinnvoll sind. Beim Ausbau des DSL-Netzes erzwingen die privaten Anbieter bereits eine solche Differenzierung.

Zweitens: Mehr Selbstverantwortung auf der kommunalen Ebene bedeutet nicht, dass nun der Staat durch die Kommune als „großer Kümmerer" ersetzt wird. Abgesehen davon, dass es nur eine partielle Verantwortungsrückgabe von staatlich beziehungsweise zentral zu kommunal beziehungsweise dezentral geben soll, darf die zivilgesellschaftliche Seite nicht vergessen werden. In bestimmten Fällen kann die Kommune möglicherweise eine neue Rolle übernehmen, indem sie kommunale Infrastrukturen einrichtet (zum Beispiel Horte, Ärztehäuser), die im Sinne des Zeitgeistes eigentlich privatisiert sein sollten. Generell sollte sie sich aber auch als Motivator und Moderator zivilgesellschaftlicher Initiativen sehen. Es besteht zwar immer das Risiko, dass es hier zu einem Abgeben von Aufgaben an Private kommt, die man als Kommune selbst nicht mehr bezahlen kann, doch dieses Risiko muss eingegangen werden, zumal Medien und Öffentlichkeit als kritische Kontrollinstanz wirken sollten. Letztlich geht es nicht um ein Dogma, die öffentliche Hand nicht aus ihrer Verantwortung zu entlassen, sondern um gute Lösungen und Perspektiven für die eigene Kommune.

Drittens: Wie man es dreht und wendet, es bleiben die von den Infrastrukturanpassungen und neuen Preisdifferenzierungen besonders betroffenen Räume, nämlich die Selbstverantwortungszonen, die peripheren kleinen Dörfer, Weiler und Splittersiedlungen. Einzelne mögen zu Wüstungen werden, die Mehrheit bleibt jedoch ausgedünnt bestehen, weil dort Menschen ihre ökonomische Basis haben (zum Beispiel Landwirtschaft, regenerative Energiegewinnung, Tourismus) oder weil sie dort einfach gerne leben möchten. Schon jetzt wird den Menschen auf dem Dorf latent mehr Selbstverantwortung abverlangt als in den Städten. Und es besteht auch eine Bereitschaft dazu. So ist das Leben in kleinen Ortschaften durch spezifische Lebensweisen, Sozialstrukturen mit einem Mix aus stärkerer gegenseitiger Kontrolle und Hilfe sowie einer besonderen Rolle von Vereinen und Nachbarschaften geprägt. In den Selbstverantwortungszonen wird dies in Zukunft noch mehr als bisher der Fall sein, und es ist eine große politische Herausforderung, dies zu vermitteln. Wer in den inversen Frontiers leben will, muss sich bewusst darauf einlassen und persönliche Selbstverantwortung und nachbarschaftliche Solidarität für selbstverständliche Facetten des Alltags halten. Wer das nicht kann oder will, wird dort leiden. Trotz allem lebt man in der inversen Frontier in Deutschland natürlich nicht wie im Wilden Westen des 19. Jahrhunderts. Auch die Selbstverantwortungszonen bleiben in den Staat (mit Recht und Ordnung) und in die Kommunen (mit ihren Verwaltungen) eingebunden, aber eben mit gewissen Einschränkungen. Erleichtert werden kann das Leben in den Selbstverantwortungszonen, indem dort nicht nur etwas weggenommen, sondern auch bewusst Freiräume geschaffen werden, zum Beispiel durch die Aufgabe von Regularien, die in dichter besiedelten Gebieten unverzichtbar sind.
Bei alldem bleibt jedoch das Problem, dass zunächst die wenigsten freiwillig in die inverse Frontier geraten. Nicht die Menschen wandern als Siedler in die Selbstverantwortungszone, sondern der Selbstverantwortungsdruck überzieht die Bürger. Das ist neu und kann zu einem großen Problem werden. Während die Menschen in klassischen Frontiers die

Unwägbarkeiten und den Druck zur Selbstverantwortung als
positive Herausforderung empfinden, dürfte in den inversen
Frontiers der Blick zuerst auf das Verlorene, auf die besseren
alten Zeiten gerichtet werden. Das macht die Umstellung
nicht leicht. Wichtig ist deswegen eine Offenheit gegenüber
„Raumpionieren", die den neuen Möglichkeiten kreativ und
positiv gegenüberstehen. Das können Menschen sein, die schon
in den betroffenen Räumen leben und sich lieber an die
veränderten Konstellationen anpassen, als dort wegzuziehen.
Es können aber auch Zuwanderer sein, die Freiräume für
besondere Lebensentwürfe suchen. Im Idealfall kommt es
zwischen neuen Raumpionieren und langjährigen Bewohnern
nicht zu Konflikten, sondern zu einer gelungenen Ergänzung.
Die Überlegungen zu inverse Frontiers oder Selbstverantwortungsräumen mögen überraschend klingen, weil sie nicht zum
etablierten Gesellschaftsvertrag passen. Es mag auch nicht
die einzige mögliche Entwicklungsrichtung sein. Aber die reale
Entwicklung ist auf dem Weg dorthin, und sie zeigt, dass es vor
Ort eine zunehmende Bereitschaft gibt, neue Wege zu gehen,
um langfristig die Zukunft zu sichern.

Literaturhinweise

· Barlösius, Eva: Gleichwertigkeit ist nicht gleich, in: Aus Politik und Zeitgeschichte
  37/2006, S. 16–22
· Beirat für Raumordnung: Demografischer Wandel und Daseinsvorsorge in dünn
  besiedelten peripheren Regionen. Stellungnahme des Beirates für Raumordnung,
  verabschiedet am 29.06.2009
· Brake, Klaus: „Gleichwertige Lebensverhältnisse" und Wirkungskräfte der
  Raumstrukturierung, in: Raumforschung und Raumordnung 3/2007, S. 175–185
· Bundesministerium für Verkehr, Bau und Stadtentwicklung (Hrsg.): Leitbilder
  und Handlungsstrategien für die Raumentwicklung in Deutschland, Beschluss der
  33. Ministerkonferenz für Raumordnung am 30. Juni 2006 in Berlin
· Bundesministerium für Verkehr, Bau und Stadtentwicklung (Hrsg.): Regionale
  Daseinsvorsorgeplanung (=Werkstatt Praxis Heft 64), Berlin 2010
· Hahne, Ulf: Zur Neuinterpretation des Gleichwertigkeitszieles, in: Raumforschung
  und Raumordnung 4/2005, S. 257–265
· Kersten, Jens: Mindestgewährleistungen im Infrastrukturrecht, in: Informationen
  zur Raumentwicklung 1–2/2008, S. 1–15
· Klingholz, Reiner: Die Leute fallen ja nicht vom Himmel, Interview, in: brand eins 10/09,
  S. 107–111
· Ministerium für Landesentwicklung und Verkehr des Landes Sachsen-Anhalt (Hrsg.):
  Internationale Bauausstellung Stadtumbau Sachsen-Anhalt 2010: Weniger ist Zukunft.
  19 Städte – 19 Themen, Berlin 2010
· Weber, Andreas / Klingholz, Reiner: Demografischer Wandel. Ein Politikvorschlag
  unter besonderer Berücksichtigung der Neuen Länder, Gutachten im Auftrag des
  Bundesministeriums für Verkehr, Bau und Stadtentwicklung, Berlin 2009

IN GESELLSCHAFT DES UMBRUCHS

Andreas Willisch

STRUKTUR- UND KULTURBRUCH   Ein Begriff und eine Vorstellung über Gegenwart und Zukunft ländlicher Räume mit ihren Dörfern, Städten und Menschen prägen die Debatte. Einerseits ist es der Begriff der Peripherisierung, wonach der Graben zwischen Zentrum und Rand breiter und tiefer werde; andererseits ist es die Vorstellung, dass Rudel von Wölfen in nicht länger bewirtschaftete, ja verlassene Landstriche zurückkehren könnten und dass wir in Zukunft eine Renaturierung ganzer Landschaften wennschon nicht selber betreiben, so doch zulassen sollten.

Beides belegt die Unsicherheit angesichts der Probleme, vor denen wir stehen. Aber weder das eine noch das andere lässt einen Rückschluss auf die tatsächliche Entwicklung zu. Peripherisierung und Entleerung sind nur die Formeln einer Debatte, deren Teilnehmer die Ursache für die Krise ländlicher Räume vor allem in Ostdeutschland primär in der demografischen Veränderung suchen. Für die demografische Krise werden die seit Jahren sinkenden Bevölkerungszahlen, die hohe Mobilität besonders der jungen Leute und der Rückgang bei der Zahl von Kindern als wichtigste Belege angeführt. Die demografische Krise ist aber vor allen Dingen die Folge eines historischen Umbruchs. Kennzeichen dieses Prozesses ist, dass der Zusammenhang von agrarwirtschaftlicher und agrarkultureller Entwicklung auf der einen Seite, von sozialer Entwicklung auf der andern Seite weitgehend aufgelöst und neugebildet wird. Was wir heute im ländlichen Raum Ostdeutschlands beobachten, ist ein radikaler Wandel der Formen gesellschaftlicher Integration, wie er sich in der modernen westlichen Gesellschaft als Ganzer schon lange vollzieht. Dabei werden die sozialen Verhältnisse innerhalb der Gesellschaften stark verändert, darüber hinaus besonders die Verhältnisse

RATIONALISIERUNG VON BETRIEBSSTRUKTUREN

Ein Bauer kann heute unabhängig vom Wohnort Flächen in mehreren Bundesländern gleichzeitig bewirtschaften.

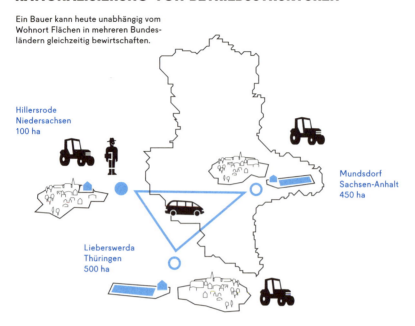

Hillersrode
Niedersachsen
100 ha

Mundsdorf
Sachsen-Anhalt
450 ha

Lieberswerda
Thüringen
500 ha

TRENNUNG VON LANDWIRTSCHAFT / LANDBESIEDELUNG

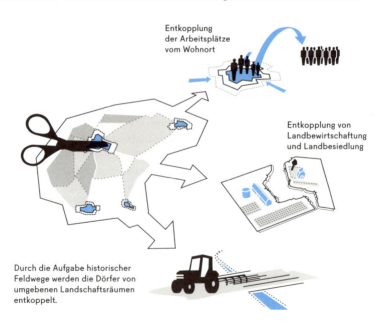

Entkopplung
der Arbeitsplätze
vom Wohnort

Entkopplung von
Landbewirtschaftung
und Landbesiedlung

Durch die Aufgabe historischer Feldwege werden die Dörfer von umgebenen Landschaftsräumen entkoppelt.

Auszug aus der Studie „Was blüht unseren Landschaften?" von Klaus Overmeyer und Rupert Schelle, Studio UC, 2010

zwischen den Gesellschaften und ihren Teilen auch im globalen Maßstab umgekrempelt.

In den letzten Jahren hat sich die Agrarwirtschaft ausgesprochen erfolgreich in das Netzwerk der globalen Lebensmittelwirtschaft integriert. Die Geschichte des Umbaus der Landwirtschafts- betriebe ist eine Erfolgsgeschichte sondergleichen. Kern ist die Entstehung überregionaler, ja globaler Produktionskomplexe. Kehrseite dieses Vorgangs ist die Entbettung der Agrarwirtschaft aus ihrem regionalen Umfeld. So sind heute die meisten der industriell organisierten Agrarbetriebe auf wenige verschiedene Massenprodukte – Getreide, Milch, Futtermittel – spezialisiert, die sie mit einer Handvoll Mitarbeiter in hoch standardisierten Abläufen herstellen. Heute braucht es weniger als eine Arbeits- kraft zur Bewirtschaftung von 100 Hektar Produktionsfläche. Darüber hinaus fußt auf dieser Art Produktion eine immer weiter- gehende Konzentration der Zuliefer-, Dienstleistungs- und Abnehmerstrukturen. Die Massenware kann weder in regionalen Bäckereien, Schlachtereien oder Molkereien weiterverarbeitet werden noch gibt es nennenswerte Arbeitsteilungen oder Dienstleistungsaufgaben für Handwerksbetriebe. Zu schweigen von der Organisation von Innovation, an deren Ende andere als die etablierten Produkte stehen könnten. Der hierfür not- wendige Wissenstransfer findet nicht statt. Daher müssen wir auf der anderen Seite eine Ghettoisierung und Verwahrlosung feststellen, die ihrerseits für die deutsche Sozialgeschichte und den deutschen Wohlfahrtsstaat beispiellos sind.

Dass in Ostdeutschland dieser Umbruch besonders heftig verläuft und besonders drastische Szenen liefert, hat zwei Ursachen. Zum einen stellt die hohe Geschwindigkeit, mit der sich dieser Wandel vollzieht, diejenigen, die in den Dörfern und Städten der betreffenden Regionen wohnen, und diejenigen, die diesen Prozess beobachten, vor eine besondere Herausforderung. Zum anderen wurde der ostdeutsche ländliche Raum – auffällig jene Regionen, wo gutswirtschaftliche Tradition überwiegt – während der letzten 100 Jahre in einer Weise fordistisch-industriell moder- nisiert, dass ein Bruch dieser Entwicklung heute enorm krisen- hafte Folgen nach sich zieht. Doch anders als die Stadtbewohner große Krisen der verarbeitenden Industrie erleben, erfahren die Landbewohner den Umbau der Agrarindustrie auch als kulturellen Wandel. Während die meisten der Dorfbewohner und nicht wenige in den kleineren und größeren Städten eben noch agrarkulturelle Bezüge in ihrem Alltag vorfanden, werden diese mit der Entkopplung der globalen Agrarindustrie aus den alltäglichen Erfahrungen getilgt. Wie sehr ein solches Zusammenspiel von Struktur- und Kulturkrise verunsichert, wissen vielleicht am besten die Bewohner von Detroit, die über Generationen an den Statussymbolen amerikanischer Aufstiegsträume – an den Fords und Chryslers – gebaut haben und heute als Bedienkräfte bei McDonald's oder Wal-Mart jobben, um zu überleben.

WAS IST LÄNDLICHER RAUM? Hat ein bestimmtes Territorium unter 100 Einwohner pro Quadratkilometer, so spricht man von einem ländlichen Raum; hat es unter 50 Einwohner, so spricht man gar von „ländlichsten Räumen".[1] In aller Regel wird er aber nicht allein als eine Gegend geringer Bevölkerungsdichte, sondern auch als ein Gebiet beschrieben, wo die Leute rückständiger, ungebildeter und religiöser, das heißt insgesamt weniger modern seien. Der eingangs erwähnte Begriff der Peripherisierung und die eingangs erwähnte Vorstellung der Entleerung gehorchen dieser Tradition der Wahrnehmung. Räumliche Strukturen werden aufgrund ihrer Defizite definiert: mehr oder weniger Einwohner, mehr oder weniger Modernität. Wenn aber die Veränderungen der letzten 20 Jahre, besonders der ländlichen Räume Ostdeutschlands in den Blick genommen werden sollen, dringt man mit solchen Beschreibungen nicht zum Kern des Umbruchs vor; mehr noch, man zieht falsche Schlüsse. Die herrschende Annahme, dass die Auslastung von Kläranlagen oder von weiterführenden Schulen funktional notwendig sei, verkennt die tatsächlichen Probleme fragmentierter Gesellschaften.
Entgegen der These von der Bevölkerungsdichte und Modernitätsdifferenz liegt der Unterschied zwischen dem Städtischen und dem Ländlichen in ihrem jeweils funktionalen Verhältnis

zu ihrer ökonomischen Grundlage. Der ländliche Raum samt seinen Dörfern und Städten definiert sich durch eine strikte Trennung zwischen besiedelbarer Fläche und nicht zu bebauender, eben agrarisch zu nutzender Fläche. Diese Definition setzt, im wahrsten Sinne des Wortes, enge Grenzen. Denn ein Dorf gibt es nur da, wo es landwirtschaftliche Nutzflächen gibt, auf die es bezogen ist, weil sie seine ökonomische Basis bilden. Ein Dorf ist ein Dorf, weil es nicht über seine Grenzen hinaus, also nicht in die landwirtschaftlichen Flächen hinein wachsen darf. Dagegen verdichtet sich die Stadt nach innen und sprengt dauernd ihre äußeren Grenzen. Was nicht heißen soll, dass es nicht auch ländliche Städte oder Landwirtschaft in der Stadt gäbe. Der ländliche Raum muss daher als eine spezifische Kombination von Siedlungs- und Wirtschaftsräumen gesehen werden, mit eben jenen nicht anders als agrarisch zu nutzenden Flächen. Das Ländliche und das Städtische sind zwei einander ausschließende Siedlungsprinzipien. Demzufolge unterscheiden sich auch ihre Muster der Modernisierung, ohne dass das eine modern, das andere traditional zu nennen wäre. Die Frage der Siedlungsgröße und Siedlungsstruktur wird hierbei nur insofern berührt, als dieses Verhältnis räumliche Grenzen setzt.

Aus den eben benannten zwei Siedlungsprinzipien wachsen jene Irritationen, die „Schrumpfung der Städte" oder „Sterbende Dörfer" heißen. Dass Städte plötzlich in ihrem Innern zu viel Raum haben, damit lernt die Gesellschaft genauso mühsam umzugehen wie mit der ländlichen Entsprechung, dass die Landwirtschaft und die Dörfer in keinem produktiven Verhältnis mehr zueinander stehen. Besonders in den ehemals ostelbischen Gebieten Norddeutschlands, wo große landwirtschaftliche Betriebe seit Jahrhunderten die Entwicklung der Regionen dominieren – erst als feudale Gutsherrschaft, nach 1850 zunehmend als kapitalistische Gutsbetriebe, dann als sozialistische Genossenschaften und Staatsgüter, heute als global vernetzte kapitalistische Agrarfabriken –, hat die Entkopplung der Agrarökonomie von ihrer sozialen Umgebung drastische Folgen. Der Begriff, den wir für dieses Schrumpfen und Sterben am meisten verwenden, ist: Deindustrialisierung. Doch bezogen auf

AGRAR- UND ENERGIELANDSCHAFT

Dynamische Veränderung der Landschaft in Abhängigkeit globaler Trends

Import/Export

Energie

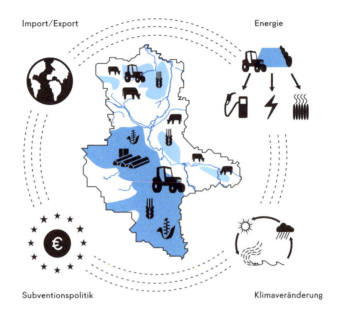

Subventionspolitik

Klimaveränderung

LOBBYISTENLANDSCHAFT

Konkurrierende Nutzungsinteressen um die Ressource Boden

Energie- und
Nahrungsproduktion

Hochwasserschutz

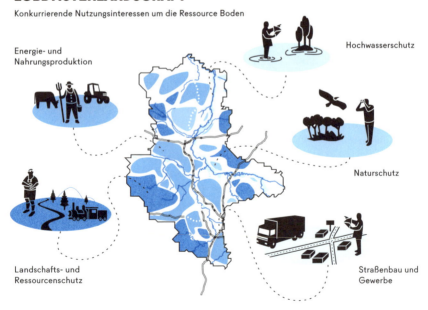

Naturschutz

Landschafts- und
Ressourcenschutz

Straßenbau und
Gewerbe

Auszug aus der Studie „Was blüht unseren Landschaften?" von Klaus Overmeyer und Rupert Schelle, Studio UC, 2010

die in globale Verwertungsketten integrierte Agrarwirtschaft bedeutet Deindustrialisierung etwa das Gleiche, was es auch für die Reorganisation aller anderen, vor allen Dingen export-orientierten Industriebranchen bedeutet: einerseits massenhafte Entwertung industrieller Facharbeit, die auf die hohe Zeit des Fordismus zurückgeht; andererseits hyperindustrielle Produktivität mit sehr wenigen, hoch qualifizierten Fachkräften. So exportierte die deutsche Land- und Ernährungswirtschaft im letzten Jahr Güter im Wert von 34 Milliarden Euro. Damit gehörte sie zu den zehn exportstärksten Branchen Deutschlands; sie hat die Umstrukturierung, in welcher sich die deutsche Exportwirtschaft befindet, erfolgreich gemeistert. „Die Produktivität der Landwirtschaftsbetriebe in Mecklenburg-Vorpommern beträgt (...) 140 Prozent des deutschen Durchschnitts, also wahrscheinlich mehr als das Doppelte im Vergleich zu Bayern und Rheinland-Pfalz".[2]

Doch der Erfolg auf den weltweiten Märkten hat hierzulande nicht zu einer entsprechenden sozialen Entwicklung beigetragen. Wir haben es vielmehr mit einem durch globale Vernetzung hervorgerufenen, neuartigen Prozess zu tun, galt doch bisher, dass von starken Impulsen nach und nach auch die umgebenden Regionen profitieren. Dass der genannte Zusammenhang bei dieser „fragmentierenden Entwicklung"[3] nicht mehr gegeben ist, lässt sich am Beispiel der hochindustrialisierten Landwirtschaft zeigen: Die Zentrale hat die wichtigsten wissensbasierten Prozesse aus der produktiven Randzone abgezogen; anders gesagt, die meisten wesentlichen, nicht der unmittelbaren Landbearbeitung dienenden Prozesse der agrarischen Arbeitsteilung sind aus den Regionen abgewandert. Das bedeutet, dass in ländlichen Räumen keine Innovation mehr generiert und kein Wissen mehr produziert wird. Die entscheidenden Ressourcen künftiger Entwicklung fehlen. Der Zugriff der Ernährungsindustrie auf die Potenziale des ländlichen Raums erfolgt selektiv; er hat einzig die landwirtschaftlichen Nutzflächen zum Ziel. Es handelt sich um eine Art Produktionszonenlogik, bei der Effizienz dadurch erreicht wird, dass alle nicht unmittelbar der

Produktion dienenden Prozesse weitestgehend ausgeschlossen werden.

Hinzu kommt, dass das Umfeld der Produktionszonen ausgesprochen billige Arbeitskräfte bereithält, weil aufgrund der Hyperindustrialisierung und der Abscheidung regionaler, arbeitsteiliger Strukturen das Angebot an Arbeitskräften die Nachfrage bei Weitem übersteigt. Erst durch die enorme Abwanderung ländlicher Industriearbeiter nimmt diese aus dem Umbruch folgende Arbeitslosigkeit wieder ab. Auf die Zurückbleibenden können dann die Unternehmen sehr flexibel zugreifen. Die Entlohnung der Arbeitskräfte bleibt weit hinter den Produktivitätssprüngen zurück. Stundenlöhne unterhalb von Mindestlöhnen bei etwa fünf Euro sind keine Seltenheit. Mit der Entbettung der ländlichen Industrie aus ihren regionalen Bezügen, der Technisierung der Agrarwirtschaft, der Abwanderung vor allem junger Fachkräfte, der Schwächung der verbleibenden Handwerks- und Dienstleistungsstrukturen und dem Rückbau gesellschaftlicher Infrastruktur verlieren die Dörfer – vielleicht mehr noch die kleineren Landstädte, die ehemals „Knoten in den Netzwerken der lokalen Cluster der Agrarwirtschaft"[4] waren – gleich doppelt. Sie verlieren einerseits ihre externe Funktion als Vermittler zwischen ökonomischem und sozialem Handeln, andererseits ihre interne Funktion als Orte der Verwaltung oder der Schulbildung. Doch nicht nur die Schulen aller Bildungsstufen, darunter auch Berufsschulen, werden geschlossen. Nein, auch der öffentliche Personennahverkehr (ÖPNV) wird ausgedünnt; auch die Verwaltungen werden, zum Beispiel durch Kreisreformen, zentralisiert; auch die politischen Institutionen und Organisationen ziehen sich zurück. Wenn Arztpraxen schließen, werden die persönlichen Aufwendungen für Gesundheit komplizierter. Der kulturelle Umbruch in der Agrarverfassung und die Schwäche der demokratischen Institutionen tragen ihren Teil zu den verheerenden sozialen Verwerfungen und der Etablierung rechtsextremer Ideologien bei.

Zusammenfassend kann man sagen, dass die Umstrukturierung der letzten Jahre unterschiedliche Zonen im ländlichen Raum geschaffen hat, die in je spezifischer Weise von Dynamiken der Peripherisierung erfasst wurden. Während die global ausbeutbaren Produktionszonen trotz der Preisgabe innovativer Potenziale erfolgreiche Glieder überregionaler, netzwerkhafter Strukturen geworden sind, verlieren die Siedlungs- und Sozialzonen gerade aufgrund ihrer fehlenden ökonomischen Basis auch noch relevante Teile gesellschaftlicher Infrastruktur. Diese Art von Fragmentierung muss also als funktionslose Differenzierung bestehender funktionaler Zusammenhänge verstanden werden. Der Zugriff auf bestimmte Räume folgt einer neuen Logik internationaler Arbeitsteilung. Diese Logik besteht darin, nur bestimmte nutzbare Bereiche in die Ketten einzubauen. Das Zentrum wird dadurch unmittelbar in die Peripherie versetzt. Die Restwelt ist von dem Ort, an dem der Erfolg beginnt, nur wenige Augenblicke entfernt, ohne dass sie systematisch zu ihm vordringen könnte. Fragmentierung bedeutet für das Verhältnis von Zentrum und Peripherie, dass sie gleichzeitig an einem Ort koexistieren können, aber keinerlei Verbindung zwischen ihren je eigenen Dynamiken besteht. Das alte Modell gradueller Abnahme von Produktivität und Prosperität besteht nicht länger fort. Zonierung und Fragmentierung beschreiben die Art und Weise der Reorganisation industrieller Strukturen. Die neuen Industrien verschaffen den ländlichen Regionen Ostdeutschlands Vorsprünge in der unmittelbaren Produktion, etwa bei Energie oder Bioprodukten; aber die Bundesländer hinken hinterher, wenn es um die Einbindung der Menschen geht, sowohl unmittelbar als auch vermittelt über Wissensstrukturen wie zum Beispiel Hochschulen.

Um auf den Ausgangspunkt zurückzukommen: Aus Sicht der boomenden Agrarwirtschaft oder der aufstrebenden heimischen Energiewirtschaft handelt es sich bei ländlichen Räumen keineswegs um periphere Regionen. Sie sind vielmehr ein wichtiges Glied in den jeweiligen Produktionsketten. Tatsächlich müssen wir uns auch nicht mit der Renaturierung industrieller Agrarbrachen beschäftigen. Nein, die Felder und Wälder werden heute weit intensiver beackert und ausgeräumt als je zuvor in ihrer Geschichte. Der Verteilungskampf um die Flächen hält nach wie vor an.

PROGNOSE BODENNUTZUNG

Aufstrebende Landwirtschaft,
Bodennutzung in Sachsen-Anhalt mit
Anteilen an der Landesfläche 2007

Zunehmender Flächen-
anspruch in der
Biomasseproduktion,
Prognose 2050

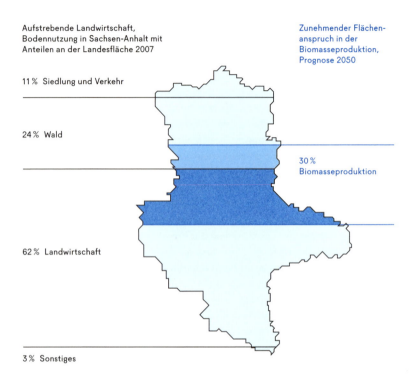

11 % Siedlung und Verkehr

24 % Wald

30 %
Biomasseproduktion

62 % Landwirtschaft

3 % Sonstiges

Herkunft der Biomasse

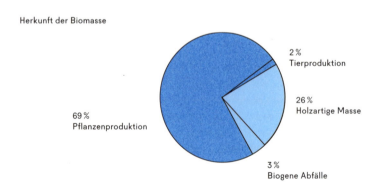

2 %
Tierproduktion

26 %
Holzartige Masse

69 %
Pflanzenproduktion

3 %
Biogene Abfälle

Auszug aus der Studie „Was blüht unseren Landschaften?" von Klaus Overmeyer und Rupert Schelle, Studio UC, 2010

RAUMPIONIERE ALS ERNEUERER
LÄNDLICHER RÄUME

Es steht außer Frage, dass mit den Strategien überkommener Ansiedlungspolitik oder mit moralischem Druck auf die abwanderungswilligen Bewohner das verloren gegangene Funktionsnetz nicht kompensiert werden kann. Neue Niederlassungen von Unternehmen müssen sich ja denselben globalen Prinzipien der Reorganisation unterwerfen und werden daher genauso wenig regionale Entwicklungsimpulse aussenden wie die erfolgreiche Agrarindustrie. Auch eine weitere Konzentration innerhalb der Agrarindustrie hin zu noch größeren und intensiver betriebenen Produktionsanlagen wird den Graben, den die fragmentierende Entwicklung gerissen hat, weiter vertiefen. Und die Hoffnungen, die mit den großen Infrastrukturprojekten verbunden sind, werden wiederum nur für wenige Menschen in Erfüllung gehen. Die übergroße Mehrzahl derer, mit deren Steuergeld diese Investitionen ins Werk gesetzt werden, wird leer ausgehen. Mehr noch, die Fortsetzung dieser, einer überkommenen Logik folgenden Strukturpolitik schadet den Leuten und den Regionen gleichermaßen. Sie schadet, weil die aufgewandten Ressourcen verbraucht und letztlich verloren sind; sie schadet, weil eine Autobahn keine Wissensstruktur hinterlässt; sie schadet, weil alternative Entwicklungskonzepte behindert werden.

Der hier skizzierte Umbruch muss als soziales Experiment verstanden werden, bei dem nach den zukunftsfähigen Ressourcen und Funktionen ländlicher Räume gesucht wird. In einem gesellschaftlichen Experiment zu stecken, heißt nach neuen Mustern sozialer Integration zu suchen, heißt neue Konstellationen und Koalitionen zu testen, heißt Lücken und gestaltungsoffene Freiräume zu erkunden, heißt die Belastbarkeit der im Umbruch entstandenen Innovationen zu erproben. Dafür braucht es auch die Menschen, die bereit und in der Lage sind, diesen sozialen Wandel nicht nur zu ertragen, sondern auch, ja vor allem zu gestalten und ihren persönlichen Gewinn in den sich wandelnden Gelegenheitsstrukturen zu erkennen.

Die Motive, sich für eine oder in einer Umbruchsgesellschaft zu engagieren, sind vielfältig. Wir sehen zum Beispiel den etablierten Landwirt, der anders als seine Kollegen plötzlich ein Feld voller Möglichkeiten vor sich entdeckt und dabei der historischen Idee folgt, dass im gutswirtschaftlichen Funktionszusammenhang alle Bewohner einer Gemeinde Aufgaben erfüllen können, wenn nur die Voraussetzungen dafür geschaffen werden. Oder wir sehen den des Umherreisens und der Großstadt müden Akademiker, der kulturelle Projekte anregt und dabei bemerkt, wie eine ganze Gegend in Bewegung kommt. Die offene Gesellschaft des Umbruchs zeigt bei näherer Betrachtung ungeahnte Möglichkeiten der Selbstverwirklichung; sie bietet Chancen, gesellschaftlich wirksam zu werden. Wo der Umbruch erstarrte gesellschaftliche Gefüge aufgebrochen hat, ist mit weniger etabliertem Widerstand zu rechnen. Auch weil diese Gegenden nach vielen Fehlversuchen mitunter schon aufgegeben wurden, kann ja ein „letzter" Versuch, einmal etwas ganz anderes in Angriff zu nehmen, nicht schaden.

Die Avantgardisten des Umbruchs sind in der Regel gut ausgebildet; oftmals bringen sie einen Hochschulabschluss mit. Sie sind auch finanziell bessergestellt als zahlreiche eingesessene Landbewohner. Sie verstehen sich als unabhängige soziale Unternehmer, die glauben, dass in der Krise ihre Chance liegt, dass sie aus der Krise Nutzen ziehen können. Zudem ist ihnen eine Art kultureller Autonomie eigen, die es ihnen gestattet, Traditionen, die allgemein für überholt gehalten werden, und Innovationen – von Lebensentwürfen über Ernährungsgewohnheiten bis zu technischen Fertigkeiten – auf neue Weise zu verknüpfen.

Die wichtigsten Funktionen, für welche die Raumpioniere zentrale Bedeutung haben, liegen allerdings nicht im Rückfluss von Bildung, Kultur und Geld; obwohl allein schon deren Potenzial für die regionale Entwicklung unvergleichlich größer ist als das, was Rückholagenturen und Heimatschachteln mit großem finanziellen Aufwand zu erbringen in der Lage sind. Es geht vielmehr darum, die verborgenen Möglichkeiten innerhalb der Dynamik des Umbruchs aufzuspüren und nutzbar zu machen. Bei diesen pionierhaften Projektansätzen stehen vor allem die vorgefundenen Freiräume – etwa regionaltypische Immobilien, erwerbbare Nutzflächen oder bloß ausgedünnte Räume – im Fokus der Experimente. Umbrüche, wie sie oben beschrieben wurden, schaffen indes nicht allein nutzbare Lücken, sondern auch neue unternehmerische Möglichkeiten in den Kern- und Zukunftsfeldern regionaler und wirtschaftlicher Entwicklung. Das betrifft den ökologischen Landbau, Bildungs- und Entwicklungsmaßnahmen der Arbeitsmarktpolitik, die Erzeugung von Bioenergie oder das Engagement für Freie Schulen. Diese Rolle der Raumpioniere – Ulf Matthiesen spricht von „Wünschelrutenfunktion" – stellt eine Grundvoraussetzung beim Umgang mit gesellschaftlichen Umbrüchen dar. Was die Raumpioniere zu leisten vermögen, ist mit noch so hohen Fördergeldern nicht aufzuwiegen, weil es den akteursgetriebenen und akteursverantworteten Gegenentwurf zu all jenen von außen, in Politik- oder Unternehmenszentralen gelenkten Entwicklungsvorhaben darstellt, welche die beschriebene Fragmentierung der Gesellschaft überhaupt erst zur Folge hatten. Raumpioniere bringen Ressourcen ein, stöbern Potenziale auf und – dies ist ihre dritte Bedeutung – arbeiten an neuen Koalitionen, die wiederum die Voraussetzung für die Refunktionalisierung der abgetrennten, aufgegebenen Bereiche einer Region sind. Beispiele für solche kreativen Lösungen sind das Ärztenetz Südbrandenburg oder die ARGE Metall- und Elektroindustrie Südbrandenburg. Ähnliche funktionale Zusammenhänge lassen sich im Bereich der Bioenergie finden. Um den erneuerbaren Energien zum Durchbruch und gleichzeitig sich selbst zu helfen, werden beim Projekt „Bioenergiedörfer Mecklenburg-Vorpommern" in den beteiligten Ortschaften Verbindungen zwischen Agrarbetrieben, Handwerksbetrieben, öffentlichen Unternehmen, Verwaltungseinrichtungen, Bildungsstätten und den Bewohnern geknüpft. Es geht darum, die durch die fragmentierende Entwicklung gezogenen Grenzen zwischen Nutzbarem und Überflüssigem zu überwinden, indem die durch Raumpioniere erspürten Potenziale immer wieder zueinander in Beziehung gebracht werden.

Das geht zweifellos nicht ohne Auseinandersetzungen zwischen Etablierten und Außenseitern, Einheimischen und Fremden, Starken und Schwachen. Diese Konflikte sind unvermeidlich und rühren daraus, dass die Profiteure der Fragmentierung in regionale Entscheidungslagen gezwungen werden, in denen ihnen ihre entbettete Position offenbar gemacht werden wird. Kein größeres Neubauprojekt der Agrarindustrie kommt heute ohne Bürgerprotest durch, und der Konflikt um den Zubau an Windkraftanlagen wurzelt auch in dem Problem, dass die Verbauung des Naturraums nicht ausschließlich für den materiellen Nutzen einiger weniger erfolgen darf. Bezogen auf die Altmark in Sachsen-Anhalt ist ein solcher Konflikt auch um den Bau der Autobahn A 14 zu erwarten.

Eine von lokaler Kreativität und Raumpionieren getragene Regionalentwicklung muss damit leben, dass eine große Zahl von Versuchen nach einiger Zeit aufgegeben wird. Dieses Scheitern stellt sich allerdings keinesfalls als Fehlentwicklung heraus, sondern als Vorstufe eines folgenden Projekts, in dem das Wissen der früheren Versuche aufgehoben ist. Durch diesen Prozess kehrt überhaupt erst jenes Entwicklungs- oder Umbruchswissen wieder in die Region zurück, das durch den Niedergang der alten Wissensstrukturen verloren wurde. Es wird gerade dieses dauernde Scheitern sein, was notwendige politische Unterstützung behindert. Es bedarf politischer Klugheit und charismatischer Stärke, um Entwicklungspläne und Fördergelder zu behaupten, wenn gleichzeitig dafür geworben werden muss, dass die Hälfte der Vorhaben, obwohl sie nicht zum eigentlich gewünschten Ende gebracht werden können, einen eigenen Wert für den Gesamtprozess haben. Wo viel Scheitern ist, entsteht viel Wissen!

1 Weiß, Wolfgang: Der ländlichste Raum – regional-demographische Perspektiven. Probleme von Abwanderungsgebieten mit geringer Bevölkerungsdichte, in: Der Landkreis, 72. Jg., H. 1/2002, S. 15–19
2 Land, Rainer: Die neue Landwirtschaft und die Dörfer. Gibt es noch Chancen für ländliche Entwicklung?, 2005, http://www.thuenen-institut.de/Publikationen (Zugriff März 2011)
3 Scholz, Fred: Theorie der fragmentierenden Entwicklung, in: Geografische Rundschau, 54. Jg., H. 10/2002, S. 6–11
4 Land, Rainer: Die neue Landwirtschaft und die Dörfer. Gibt es noch Chancen für ländliche Entwicklung?, 2005, http://www.thuenen-institut.de/Publikationen (Zugriff März 2011)

RAUM-(UM)ORDNUNG

Auf dem IBA-Symposium „Service light – Raumpioniere in ländlichen Regionen" im September 2010 stellte Jürgen Aring, Professor für Stadt- und Regionalplanung an der Universität Kassel,[1] seine Thesen zu mehr kommunaler und zivilgesellschaftlicher Selbstverantwortung in Garantie- und Selbstverantwortungszonen öffentlich vor und diskutierte diese mit André Schröder, Staatssekretär im Ministerium für Landesentwicklung und Verkehr des Landes Sachsen-Anhalt,[2] Andreas Willisch, Vorstandsvorsitzender des Thünen-Instituts für Regionalentwicklung e. V. in Bollewick und dem Publikum. Holger Lauinger und Philipp Oswalt moderierten das Gespräch.

Garantie- und Selbstverantwortungszonen – Herr Aring, aus Ihren Beobachtungen in der dünn besiedelten Altmark Sachsen-Anhalts entwickelten Sie ein Diskurs anregendes Raumordnungsmodell. Ländliche Kommunen sollen sich zur Sicherung der Daseinsvorsorge zu einer Großkommune zusammenschließen und selbst entscheiden, in welchen Räumen öffentliche Versorgungsstrukturen garantiert werden und wo man zukünftig mehr selbstverantwortlich lebt. Was hat Sie dazu bewogen, diese Diskussion anzustoßen?

JÜRGEN ARING   Der Wandel und Problemdruck in den dünn besiedelten Räumen mit Bevölkerungsrückgang ist offensichtlich und unbestritten. Gleichzeitig stoßen die bisher etablierten Möglichkeiten des Staates an Grenzen, die vor Ort entstehenden Probleme zu lösen. Ein „Wegsubventionieren" ist nicht absehbar. Viele rufen deshalb nach neuen, flexiblen und kreativen Lösungen, die je nach Problemlage von Raum zu Raum unterschiedlich ausgestaltet sein können. Das kann man nicht „von oben" planen. Man muss den politischen Willen, vor Ort Lösungen zu finden, unterstützen. Das meine ich mit der Stärkung kommunaler und zivilgesellschaftlicher Selbstverantwortung. Es setzt aber auch voraus, dass die politisch-administrativen Strukturen auf kommunaler Ebene so ausgestaltet sind, dass auch tragfähige raumwirksame Entscheidungen getroffen werden können. Deswegen plädiere ich für mehr politische Entscheidungsfreiheit vor Ort und für Großkommunen, die sich an den zentralörtlichen funktionalen Verflechtungen orientieren. Dann werden räumliche Konflikte verhandelbar. Eine verantwortungsvolle kommunale Politik könnte dann die verbleibenden Ressourcen nicht auf die Fläche verteilen und somit versickern lassen, sondern räumliche Konzentrationsprozesse unterstützen. Das Konzept gibt damit meines Erachtens eine Antwort auf zwei zentrale Herausforderungen: Erstens, eine notwendige Strukturanpassung, die für die Lebensrealität in dünn besiedelten ländlichen Räume stimmig ist. Und zweitens vermittelt es mehr Zuversicht. Mit der Perspektive dauerhaften Niedergangs kann man kein Engagement mobilisieren. Selbstverantwortungs- und Garantiezonen stehen in meinem Verständnis jeweils für Zuversicht, denn in der Garantiezone hält sich die Anpassung in Grenzen, und in der Selbstverantwortungszone gibt es neue Möglichkeiten.

ANDRÉ SCHRÖDER Regionalisierten Ansätzen, starken Kommunen und der Wiederentdeckung des Gemeinschaftssinns – all diesem kann ich zustimmen. Doch Selbstverantwortungszonen, das hört sich an wie eine Einladung an die Politik, sich der Verantwortung in der Fläche zu entziehen. Das kann so nicht sein. Die regionale Vielfalt und Unterschiedlichkeit des Raums ist da und sie wird wachsen, aber wir müssen sie nicht staatlich fördern. Es bleibt die bewusste Lebensentscheidung des Einzelnen im ländlichen Raum zu leben, mit intakten Umwelt- und Lebensverhältnissen, geringen Lebenshaltungskosten, aber unter Inkaufnahme bestimmter Wegezeit für Versorgungseinrichtungen in einer zumutbaren Entfernung.
Die Landespolitik in Sachsen-Anhalt setzt deshalb auf die Stärkung zentraler Orte und die dezentrale Bündelung staatlicher Ressourcen. Bei allen Standortentscheidungen und Investitionen der öffentlichen Hand orientiert sie sich noch mehr als bisher am Grundprinzip einer räumlichen Bündelung von Versorgungseinrichtungen. Unsere Städte bilden das

Rückgrat dieser notwendigen Konzentration. Gerade Mittel- und Grundzentren sind die Standorte, wo Daseinsvorsorge für die Landbevölkerung noch auf einem hohen Qualitätsniveau gesichert werden kann. Unsere Klein- und Mittelstädte im ländlichen Raum sind die Ankerpunkte für Kerndienstleistungen der öffentlichen Hand, insbesondere bei Leistungen in den Bereichen Bildung, Soziales und Gesundheit. Keine Wegzug- prämie, keine Wüstungsdebatte. Das ist sozusagen das Credo.

JÜRGEN ARING   Meine Selbstverantwortungs- und Garantiezonen sind ja nichts anderes als eine Entscheidungshilfe für die Leute, die plötzlich nicht mehr wirklich wissen, wo sie sich auf was verlassen können. Deswegen sind die beiden Vokabeln so schnell und gern umstritten. Aber in Ihren Ideen sind für die Leute ja die gleichen schmerzhaften Umbauprozesse enthalten.

ANDRÉ SCHRÖDER   Es gibt noch ein Detail, wo ich anderer Meinung bin: Das ist die Frage der Kreise. Landkreise sind Gebietskörperschaften kommunaler Art. Die Kreise de facto abzuschaffen, hätte unweigerlich zur Folge, eine neue staatliche Mittelinstanz schaffen zu müssen, weil man die kreislichen Aufgaben nicht komplett in die Kommunen lenken kann. Das über freiwillige Kooperationen, also Zweckverbände und interkommunale Funktionen lösen zu wollen, ist nicht praktikabel. Deswegen sind die Landkreise Verwalter der Fläche mit überschaubaren Kreisstrukturen.

JÜRGEN ARING   Man kann natürlich nicht das ganze Land über einen Kamm scheren, weil die Dichten sehr unterschiedlich sind. Aber am Beispiel der Altmark würden sich, wenn wir für solche Überlegungen die mittelzentralen Bereiche als Ausgangspunkt nehmen, vielleicht sieben Großkommunen bilden. Das sind dann schon große Einheiten, die aber immer noch kleiner von der Fläche sind als Kommunen, die wir zum Beispiel inmitten von Schweden haben. Und man kann Kommunen durchaus so organisieren, dass der Alltag funktioniert.

Aber wie würden in Ihrem Modell die Grenzen gezogen werden zwischen der Selbstverantwortungs- und der Garantiezone? Wer würde das vornehmen?

JÜRGEN ARING   Die politisch Verantwortlichen der Kommune. Deswegen wird die große Kommune gebildet. Die Entscheidungen müssen vor Ort getroffen werden. Die kann niemand anders treffen.

Aber halten Sie das für realistisch? Sind Sie der Meinung, dass Politik, so wie Politik funktioniert, überhaupt in der Lage ist, diese Differenzierung zu kommunizieren?

JÜRGEN ARING   Die Erfahrungen mit Kommunalreformen beziehungsweise Großkommunen in Deutschland und im Ausland lassen sehr unterschiedliche Schlüsse zu. Aber irgendwie ist es doch auch vermessen, den Bürgern und Politikern in den dünn besiedelten schrumpfenden Räumen nicht zuzutrauen, zukunftsfähige Entscheidungen zu treffen. Wenn Gestaltungsfreiheit, Gestaltungsverantwortung und Finanzhoheit ein richtiges Paket bilden, bin ich nicht so pessimistisch.
Eine andere Sache ist die Machbarkeit einer solch weitreichenden Reform in unseren verfesteten Strukturen. Doch wenn ich die Schere im Kopf hätte, dass ich nur das denken würde, was ich für kurzfristig politisch durchsetzungsfähig halten würde, dann ...

ANDREAS WILLISCH   Ich finde die Idee, die Verantwortung für zukünftige Entwicklungen den Leuten zurückzugeben sympathisch und letztendlich auch notwendig. Denn wir befinden uns in einem offenen Umbruchprozess, in dem neue Modelle für gesellschaftliche Teilhabe, für Mobilität und Arbeit erst noch gefunden werden müssen. Und niemand anders als die Leute selbst können diesen Experimentierprozess mit Leben und kreativen Lösungen füllen.
Mit den vorgestellten Garantie- und Selbstverantwortungszonen habe ich aber zwei Probleme: Zunächst einmal kann ich mir nicht vorstellen, dass uns ein räumliches Modell – hier die mittelständischen Garantiezonen und dort die ländlichen Selbstverantwortungszonen – weiterhilft. Diese Art der räumlichen Separierung setzt neue Grenzen, die eher überwunden werden sollten, um tatsächlich Selbstverantwortung zu fördern. Es ist zu befürchten, dass die Kannibalisierungseffekte

in Schrumpfungsregionen dadurch eher angefeuert werden. Die Alternative dazu wäre, bestimmte gesellschaftliche Themenbereiche wie Bildung, soziale Sicherung oder Verwaltung hin zu mehr Selbstverantwortung zu öffnen. Also Bildungspioniere, die mit neuen Formen der Schulbildung experimentieren, oder Energiepioniere, die die Energieversorgung einer Region selbstverantwortlich organisieren. Das Bild wäre, nicht neue Grenzen zu schaffen, sondern nach neuen Funktionszusammenhängen zu suchen.

Das zweite Problem, was ich mit der Aufteilung in Garantie- und Selbstverantwortungszonen habe, ist die Forcierung der Ungleichheit zwischen dem, was die Gesellschaft garantiert und dem, was die Leute, weil die Gesellschaft dafür nicht mehr einstehen kann, selbst machen müssen. Wir können es uns aus Gründen der Anerkennung und sozialen Teilhabe nicht leisten, Teile der Gesellschaft aufzugeben und sich selbst zu überlassen – auch nicht in der positiven Umschreibung, dass die Leute jetzt das Sagen haben, wo die Gesellschaft insgesamt nicht mehr mitreden will.

Insofern brauchen wir keine räumlichen oder gesellschaftlichen Sonderbereiche, sondern mehr Selbstverantwortung in den Haushalten und den Regeln, nach denen die Regionen sich entwickeln sollen. Was wäre, wenn zum Beispiel die Selbstverantwortungspioniere der Altmark sagen, das Geld für den Autobahnbau behalten wir ein und verwenden es stattdessen für den Ausbau eines Nahwärmenetzes, das sämtliche Kommunen und alternativen Energieerzeuger miteinander verbindet, um billig heizen zu können. Ich befürchte, da hätte dann die Selbstverantwortung ihre Grenzen gefunden und zurück bliebe ein Landstrich, den keiner braucht, außer als Standort der Autobahntrasse.

ANDRÉ SCHRÖDER   Die Bedeutung lokaler Akteure wächst, das ist sicher unbestritten. Und natürlich ist die viel zitierte Überregulierung und Beschneidung örtlicher Selbstbestimmung schädlich. In Zukunft wird es stärker darum gehen, eigene Potenziale zu aktivieren und die Verbundenheit mit der Heimat als Ressource zu nutzen. Oft ist es der Einzelne, der mit Energie und neuen Ideen Perspektiven vor Ort schafft. Deshalb brauchen lokale Akteure ein professionelles Coaching, um nicht vor Bürokratie zurückzuschrecken und um von Lösungen und Methoden andernorts profitieren zu können.

Ich würde gerne aber noch einmal diskutieren, ob das konkrete politische Angebot, das es ja gibt, deckungsgleich ist mit der Vorstellung der Garantie- und Selbstverantwortungszonen oder ob es große Unterschiede gibt. So existiert ja das Raumordnungskonzept mit dem Standortraster zentraler Orte in der Dreistufigkeit und eine Regelzeitvorgabe, also grundzentrale Funktionen in 15 bis 20, mit dem öffentlichen Personennahverkehr (ÖPNV) in 30 Minuten erreichbar zu halten. Danach sind das ÖPNV-System, die Schulstruktur und andere, auch kommunale Entscheidungen bis hin zur Genehmigung von Bebauungsplänen für Wohnungsbebauungen abgestuft. Ich verstehe es so, dass man in dem konzeptionellen Ansatz durchaus gar nicht so weit auseinanderliegt, sondern die Frage ist die reale Umsetzung.

JÜRGEN ARING   Das Leitbild der Raumordnung mag in vielen Teilen Sachsen-Anhalts noch funktionieren, aber meine Erfahrungen in der Altmark sind leider andere – dass der ÖPNV kaum noch finanzierbar ist und die Frage des Schulnetzes aufgrund der stark rückläufigen Schülerzahl neu überdacht werden muss. Die Veränderungen sind dynamisch und wir müssen das Konzept der Realität anpassen.

Wie sich das räumlich letztlich darstellt, muss dann tatsächlich in den Großkommunen entschieden werden. Da gibt es Spielräume. Und das ist, was ich mit mehr Selbstverantwortung auf kommunaler Ebene meine. Die Kommune kann selbst entscheiden, wie weit die räumliche Entwicklung geht.

Worin wir uns aber einig sind, ist, dass man die Konzentrationsprozesse unterstützt, also in der Mitte stabilisiert und nach außen reduziert.

ANDREAS WILLISCH   Ich möchte noch einmal Ihre Schrumpfungsszenarien hinterfragen. Bei den Thesen von Politik und Planung hat es oft den Anklang, dass die ländlichen Regionen automatisch leerlaufen und die Städte sozusagen der letzte

Rettungsanker seien. Dies ist meiner Ansicht nach eine verkürzte, aber weitverbreitete Perspektive. In unseren Beobachtungen stellen wir fest, dass es sehr unterschiedliche Schrumpfungsmuster gibt. Entscheidend ist, ob Produktionsraum und Sozialraum konvergieren oder nicht. Es kann ebenso stabile ländliche Räume und instabile Städte geben. So existieren heute schon Dörfer, die sich über kluge Reintegrationsmaßnahmen der Landwirtschaft stabilisiert haben. In Mecklenburg-Vorpommern beispielsweise bildet sich aktuell eine Bioenergie-Bewegung in den ländlichen Räumen. Circa 60 Landgemeinden sehen in den regenerativen Energien ihre Chance auf Zukunft, die Gemeindekasse wieder zu füllen und die eigenen Leute in Arbeit zu bringen. Das kann funktionieren.

Wir müssen deshalb den Zusammenhang wiederfinden, den es zwischen den Gemeinden gab. Denn gerade in den Regionen, die vom demografischen Wandel besonders betroffen sind, konzentrieren sich neue soziale Probleme aufgrund schlechter Löhne, hoher Arbeitslosigkeit oder zunehmender Altersarmut. Und alle Studien belegen, dass sich diese sozialen Problemgruppen aus unterschiedlichen Gründen in den größeren und kleineren Städten des ländlichen Raums zusammenballen und die Dörfer dagegen von diesem Problemdruck eher entlastet werden. Deswegen ist es wichtig, die Räume als funktionales Netzwerk zu denken. Möglicherweise ist es viel einfacher, die eine oder andere kleine Problemstadt aufzugeben als die umliegenden Gemeinden, weil die möglicherweise irgendwann besser in der Lage sind, auf eigenen Füßen zu stehen.

ANDRÉ SCHRÖDER   Da bin ich anderer Meinung. Die Entwicklung der Klein- und Mittelstädte ist Schwerpunktthema, weil wir zu dieser Versorgungsgrundlage keine Alternativen haben und aus der Raumbeobachtung wissen, dass die Leute wieder die Nähe zu den Versorgungseinrichtungen suchen. Das ist durchaus eine Entwicklung, die wir politisch fördern müssen. Diese Klein- und Mittelstädte sind das Rückgrat der Daseinsvorsorge, wo Nachfrage rekrutiert wird und private Wirtschaft ihre Dienstleistungen anbietet.

Worin ich Ihnen aber zustimme, ist die Problematik, die sich aufgrund der geringen Löhne generell entwickelt. Das heißt, geringe Löhne, vor Jahren noch ein Standortvorteil, sind im Fachkräftebereich, und das betrifft Handwerker wie Ingenieure, heute ein Standortnachteil.

JÜRGEN ARING   Wir müssen darauf achten, dass wir Stadt und Dorf nicht als Schwarz und Weiß, als Dualität denken. Wenn ich vorhin über die Großkommune sprach, dann haben wir natürlich unsere Kernstädte, wir haben unsere Randbereiche, wir haben quasi suburbane Regionen und wir haben auch Dörfer, die mit dazugehören. Aber irgendwo dazwischen und außen gibt es Orte, die aus dieser Logik herausfallen würden. Und da wird eigentlich der Schnitt gemacht, nicht bei einem schematischen Begriff wie Stadt und Dorf.

Hinzu kommt, dass wir gerade wegen der auf uns zurollenden Altersarmut Modelle entwickeln müssen, die auf eine innovative Sparsamkeit setzen. Dafür sprechen die Konzentrationsmöglichkeiten. Aber eben auch die Möglichkeiten der Selbstorganisation. Mein Raummodell hört sich vielleicht nach starken Einschnitten für die Betroffenen an, aber eine Entwicklung ohne führt genauso zu starken Einschnitten, nur eben verteilt nach Zufallsprinzip.

BABETTE SCURRELL (wissenschaftliche Mitarbeiterin, Stiftung Bauhaus Dessau)   Ich denke, dass die Menschen auch in den „ländlichsten Räumen" sehr wohl zu einer selbstständigen Lebensgestaltung in der Lage sind. Und ich glaube, auch wenn Herr Aring und Herr Schröder ein bisschen aufeinander zugehen, es gibt einen deutlichen Unterschied. Und der besteht darin, dass man die Wasser- und Abwasserleitungen nicht mehr bis in die Selbstverantwortungszonen zieht, sondern eher den Brunnenbau und die Biokläranlage ermöglicht. Und dass es nicht mehr um die Frage geht, welche Entfernung als Schulweg für Kinder noch akzeptabel ist. Wenn die Schule nur noch schwer erreichbar ist, muss es andere Formen geben: Es ist also entweder Teleunterricht oder eine andere Alternative angesagt.

Der große Vorteil der Idee von Herrn Aring ist ja, dass wir nicht durch die zentral räumliche Landesentwicklungsplanung gesteuert werden, sondern durch die neue Großkommune. Im Stadtrat der Großkommune sitzen sowohl die Bewohner einer Siedlung mit fünf Einwohnern wie die des Stadtkerns. Und gemeinsam wird ausgehandelt, was möglich oder nicht möglich ist. Und diesen demokratischen Zugriff über den planerischen zu stellen, ist die eigentlich interessante Idee.

DIRK MICHAELIS (Amtsleiter Bauordnungsamt, Landkreis Stendal) Uns fehlt ein anschauliches Planspiel. Wir diskutieren hier über Strukturen, über Einwohner und über Rückgänge. Aber so richtig plastisch dargestellt, einen Masterplan mit verschiedenen Szenarien vor dem Hintergrund von Einzugsbereichen und Tragfähigkeitsschwellen haben wir nicht. Soweit sind wir nicht gekommen. Wenn man ein Planspiel bildhaft vor sich hätte, dann würde uns wahrscheinlich auch erst richtig bewusst werden, was das für Lebensverhältnisse in Zukunft überhaupt sind. Vielleicht ist das unter Umständen gar nicht so schlimm, wie wir es jetzt hier vermuten. Unser Problem ist, wir reden doch bisher sehr abstrakt. Wir haben es noch nicht geschafft, konkrete Bilder zu entwickeln, wie es 2025 oder 2030 aussehen könnte. Wo sind die Schulen, wo sind die Kitas, wo ist der Arzt? Und was ergeben sich daraus für Einzugsbereiche? Und vor allem, wie viele Menschen sind es denn noch, die diese großen Entfernungen in Kauf nehmen müssten?

KLAUS DRÖGEMÜLLER (Bürgermeister a. D., Eschede-Scharn-horst, Gründer des Beratungsnetzwerkes „diedorfdenker") Ich komme aus der Südheide in Niedersachsen. Die Südheide grenzt an die Altmark. Sie ist mit all diesen Problemen genauso behaftet, wie sie hier diskutiert wurden. Ich wollte mich am Ende eines spannenden Tages outen als neuer Fan dieser Argumentation von Selbstverantwortungs- und Garantiezonen. Es ist die einzige für mich sichtbare Antwort auf die Fragen, vor denen wir stehen. Wir haben Kommunen mit einer Selbst-finanzierungsquote unter 40 Prozent. In diesen Kommunen gibt es im Moment erheblichen Handlungsdruck. Sie stehen vor weitreichenden Strukturreformen. Ab dem Moment, wo man sich zu den zentralen Fragen bekennt, die dieser Staat zu regeln hat, ist man bei Ihren Thesen. Ich wohne selbst in einem 300-Einwohner-Dorf, das zur Selbstverantwortungszone würde, wenn es so käme, wie Sie es sagen. Meine Heimat-Samtgemeinde mit 6000 Einwohnern ist 1989, unmittelbar vor der Wende, in ein Bundesforschungsprogramm aufgenommen worden und hat sich zur ersten westdeutschen Schrumpfgemeinde bekannt. Was meinen Sie, was passiert ist? Seither ist diese Kommune nicht mehr geschrumpft, weil die Selbstheilungskräfte, das Darübernachdenken dazu geführt haben, dass man auf ganz neue Ideen gekommen ist. Und dasselbe würde ich bei den Selbstverantwortungszonen prognostizieren. Die lassen sich was einfallen, die wollen nicht untergehen!

Redaktionelle Bearbeitung durch Holger Lauinger und Kerstin Faber

---

1 Seit September 2012 vertritt Jürgen Aring die Raumwirtschaftspolitik an der Fakultät Raumplanung der TU Dortmund.
2 Seit April 2011 ist André Schröder Mitglied des Landtages und Vorsitzender der CDU-Landtagsfraktion in Sachsen-Anhalt.

POTENZIALE

RAUMPIONIERE

WIR BRAUCHEN GUMMISTIEFEL UND EIN SUPERMANNKOSTÜM

Tina Veihelmann

Am besten erkennt man den Metropolitan Corridor, wenn man bei Nacht über ihn fliegt. Er glitzert in einer Ebene, die ansonsten im Dunkeln liegt. Die Städte, die in ihm liegen, haben mehr miteinander gemein als mit den Provinzen, die sie umgeben. Im Korridor herrscht Hochbetrieb. Wer ihn verlässt, ist weit draußen. Keine Highways und kein Handyempfang, wer dort wohnt, ist mitunter nicht einmal per Brief zu erreichen, weil die Post nicht mehr funktioniert. Während im Korridor die zivile Armada der Trucks rollt, leuchtet in der Dunkelheit jenseits davon der Mond. ... Mit etwa diesen Worten hat Karl Schlögel einmal den Metropolitan Corridor zwischen Berlin und Moskau beschrieben. Sein Bild für die globalen Zonen der Betriebsamkeit und jene des Rückzugs, die oft unmittelbar beieinanderliegen, wurde oft zitiert. „Wie wäre es, wenn wir den Metropolitan Corridor einmal in voller Absicht verließen?", fragte Wolfgang Kil in seinem Buch „Luxus der Leere". Wenn wir jene Provinzen nicht mehr als das Übriggebliebene und als den „doofen Rest" betrachten, sondern wenn wir sie aufsuchten – wegen ihrer ureigenen Chancen und Aussichten? Seitdem nicht nur vom Schrumpfen der Städte, sondern zunehmend auch von sich leerenden Landschaften die Rede ist, umkreisen Soziologen und Raumdenker einen neuen Akteur. Denjenigen, der aufbricht und jene Räume bespielt, die nicht „schrumpfen", aber ausdünnen. Die nicht unter den Folgen von Deindustrialisierung leiden – denn die Agrarwirtschaft in den ländlichen Abwanderungsgebieten ist oft hoch industrialisiert – die aber die Folgen der globalen Zonierung wie Entbettung, Abwanderung und Verödung zu spüren bekommen. Räume, die andererseits auch Möglichkeiten bieten. Die Möglichkeit, die Stille und die Leere als Luxus zu begreifen, andere Lebensentwürfe zu realisieren und brach gefallene Räume neuen Nutzungen zuzuführen. Der „ländliche Raumpionier" betrat das Feld. Nicht in Gestalt eines klar umrissenen Subjekts, eher als ein Stichwort, das ein Feld von Beobachtungen, Überlegungen und Erwartungen absteckt. Von den „städtischen Raumpionieren" abgeleitet, die sich leere Häuser oder Fabriken aneignen, um „Kulturfabriken" zu schaffen oder eine Skaterbahn, beschrieb man ihre ländlichen Pendants zunächst als Vorhut alternativer Milieus, die marode Bauernhöfe in Besitz nehmen, um Ideen aller Art zu verwirklichen. Man sah sie als Kulturarbeiter oder Ökobauern, als Erfinder von Hightech- wie Lowtech-Experimenten, als Keimzelle neuer Netzwerke und Impulsgeber für neue Kreisläufe. Der Raumpionier galt bald als belebendes Element schlechthin.

Dabei wurde der Begriff abwechselnd aus der Logik der Akteure wie aus der Warte von Politik- und Regionalplanung verstanden. Die einen sahen Aufbrechende, die Freiräume entdecken, um im ureigenen Interesse Projekte umzusetzen, die andernorts nicht möglich wären. Künstler und Bastler, Träumer und Denker. Die anderen sahen Ankommende, die brach gefallenen Räumen endlich eine neue Bestimmung gaben. Hoffnungsträger, die Gemeinwesen stärken, Infrastrukturen aufbauen, Mobilität ermöglichen und soziale Erosion kompensieren. Ein Raumpionier ist ein multipler Akteur. Er ist jung oder alt, pflanzt Rübensorten aus alten Zeiten oder baut Solaranlagen von übermorgen, er schätzt die Stille oder macht laute Musik.

Als wir uns aufmachten, um von Raumpionieren zu lernen, wie man Schulen gründet, selbst Abwässer klärt oder Weinberge aufrebt, mussten wir bald feststellen, dass nicht nur wir eine Reihe von Experimenten betrachteten, die an der Wirklichkeit wachsen. Auch der Begriff des Raumpioniers machte den Wirklichkeitstest. In Gesprächen mit Künstlern, Lehrern,

Landwirten und Gründern von Bürgerbussen wurden nicht nur die Projekte der Raumpioniere von allen Seiten abgeklopft, sondern auch die Raumpioniere umkreisten, prüften und reflektierten von allen Seiten diese Zuschreibung. „Früher war ich Jungpionier, dann Thälmannpionier, heute bin ich Raumpionier. Wer hätte das gedacht?" Oder: „Raumpioniere? Klingt wie In-die-Wildnis-vorstoßen und den Indianer zivilisieren. Eine koloniale Idee." Aber auch: „Raumpioniere? Warum nicht. So ein Raumpionier braucht einen Supermannumhang zum Fliegen und Gummistiefel, um über den Acker zu latschen. Ich werde uns Raumpionierkostüme nähen, dann haben wir eine Corporate Identity."

In der Tat hat die Vorstellung, kreative Neuankömmlinge würden in einen von „Humankapital" entleerten Raum vordringen, um das Wissen vom guten Leben zu bringen, einen erschreckend deutlichen kolonialen Beigeschmack. So stark war bei manchen die Vorstellung eines öden, verwilderten Raums weit draußen, dass es nahe lag, stets nach Neusiedlern Ausschau zu halten. Und unbestritten ruft der „Raumpionier" jede Menge eigentümlicher Assoziationen hervor: Von der Mondlandung bis zum Pionierhalstuch. Dennoch hat sich der Begriff längst etabliert — wie „Zwischennutzung" oder „Schrumpfende Städte" — und bietet den unschätzbaren Vorteil der Identifikation und Benennbarkeit. Raumpioniere, das sind diejenigen, die sich etwas Neues ausdenken. Die einen Weg finden, wo man das nicht für möglich gehalten hätte. Die etwas wertschätzen, das wir fast weggeworfen hätten. Bei aller Problematik ist die Frage nach den ländlichen Raumpionieren immer die nach den Chancen von Räumen, die bislang noch nicht bedacht worden sind. Der Praxistest im Feld der Raumpioniere zeigte: Man kann den Begriff beruhigt beibehalten. Gerade wegen der vielfältigen Zugänge und der vielschichtigen Assoziationsräume, die er öffnet, ist er prädestiniert dafür, angeeignet, neu besetzt und erweitert zu werden. Wer sich ein Raumpionierkostüm näht, bestimmt selbst, wie es aussieht, was es bedeutet und wer es tragen soll. Ein Raumpionier muss zum Beispiel kein Neusiedler sein. Er kann ebenso ein Wegbereiter sein, der seinen eigenen

Lebensraum neu und anders bespielt. Wie ein Bürgermeister im verarmten und strukturschwachen Burgenland in Österreich, der das Experiment startet, aus der fossilen Energieversorgung auszusteigen, um so einen regionalen Wirtschaftskreislauf in Gang zu bringen. Oder wie eine Versicherungsvertreterin aus Stendal, die sich Gedanken darüber macht, wie man in der Altmark – trotz erodierender Pflegesysteme – in Würde altern kann. Den „Raumpionier" muss man nicht vom amerikanischen „Pioneer" ableiten, man kann ihn – weniger prätentiös – als Menschen mit Pioniergeist verstehen. Dabei kann sich ein Raumpionier aus purer Neugier und Lebenslust auf den Weg machen. Oder er kann aufbrechen, um sich am eigenen Zopf aus dem Sumpf zu ziehen. Wenn uns sonst niemand hilft, dann helfen wir uns eben selbst.

Am erfolgreichsten sind Raumpionierprojekte, wo Kooperationen entstehen. Wo Eingesessene und Externe oder Zuzügler gemeinsam agieren. Wie beim Weinbergprojekt in Baruth, bei dem Einheimische und Neuankömmlinge eine Menge voneinander lernten und heute mit vereinten Kräften Pionierarbeit leisten, indem sie Patenschaften für Weinstöcke übernehmen. Im Zusammenspiel gelingt es, Impulse aufzunehmen, den Standpunkt zu wechseln und die Dinge aus neuen Perspektiven zu sehen. Wie im Fall des Arbeitgeberzusammenschlusses in Luckau, wo Unternehmer aus dem Spreewald von Pionieren aus Frankreich die Idee übernehmen, Arbeitskräfte zu teilen, statt um sie zu konkurrieren. Wenn die Provinzen jenseits der Metropolitan Corridors Chancen haben, dann liegen sie dort, wo das Denken die Richtung ändert. Wo mit Pioniergeist Neuland gedacht wird.

Die Auswahl der folgenden Projekte (Seite 104–146) wurde von Kerstin Faber zusammengestellt, die Texte von Tina Veihelmann (tv) verfasst.

Literaturhinweise

· Schlögel, Karl: Kiosk Eurasia, in: Kursbuch 137 „Berlin Metropole", Berlin 1999, S. 170
· Kil, Wolfgang: Luxus der Leere. Vom schwierigen Rückzug aus der Wachstumswelt. Eine Streitschrift, Wuppertal 2004

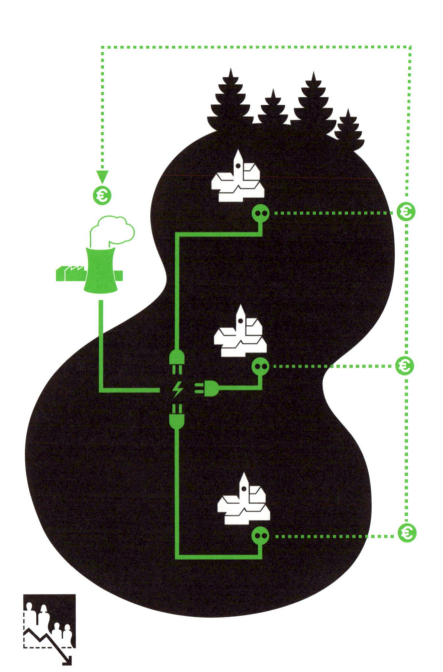

INFRASTRUKTUR

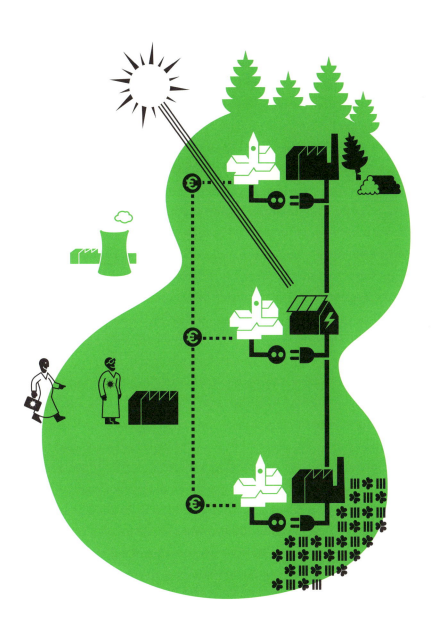

RESSOURCEN NUTZEN.

ZUM BEISPIEL GÜSSING

GEMEINDE GÜSSING, BURGENLAND, ÖSTERREICH

Der Bezirk Güssing darf ein paar Rekorde für sich verbuchen. Er gehört zu den Regionen Österreichs, die verkehrstechnisch am schlechtesten angebunden sind. Als einziger Bezirk Österreichs verfügt er weder über Autobahnen noch Eisenbahn. Er liegt am Rand Österreichs nahe der ungarischen Grenze – seit dem Zerfall der Habsburger Monarchie ist die Region am konsequentesten von den städtischen Zentren abge-schnitten. Vor 20 Jahren war die Region die ärmste von Österreich und ein Zentrum der Abwanderung. 70 Prozent der Bevölkerung pendelten zum Arbeiten – 95 Prozent davon ins 200 Kilometer entfernte Wien. Wenn der Bürgermeister der Gemeinde Strem, Bernhard Deutsch, heute sagt: „Wir mussten uns etwas einfallen lassen, sonst wären wir von der Landkarte verschwunden", ist das nur wenig übertrieben.

Um zu einer Strategie für Güssing zu kommen, warb vor 20 Jahren der damalige Güssinger Bürgermeister, Peter Vadasz, den Ingenieur Reinhard Koch als technischen Berater der Gemeinde an. Sie bilanzierten, dass aus der Region jährlich 35 Millionen Euro für fossile Energien abflossen. Auf der Haben-Seite stand nicht viel. Eine strukturschwache Region, geprägt von verstreuten Dörfern, 45 Prozent Waldflächen, Wiesen und mit 300 Sonnentagen im Jahr. Der Bürgermeister und der Ingenieur überlegten, wie man die Sonne und vor allem die großen Waldflächen nutzen könnte, um die Bilanz zu verbessern. 1990 fällte der Gemeinderat von Güssing den Beschluss, zu 100 Prozent aus der fossilen Energie-versorgung auszusteigen und stattdessen konsequent auf lokale Energie-erzeugung aus sämtlichen regionalen Ressourcen zu setzen.

Heute gelingt es dem Bezirk Güssing mit 28 Ortschaften und insgesamt 26.600 Einwohnern, sich selbst mit Energie zu versorgen, den CO_2-Ausstoß wesentlich zu reduzieren, Geld einzunehmen und neue Betriebe anzusiedeln. Indem aus erneuerbaren Roh- und Reststoffen in eigenen Kraftwerken und Heizwerken Energie gewonnen und diese vor Ort genutzt oder verkauft wird, zirkuliert das Geld zum Großteil innerhalb der Region, statt wie bisher abzufließen. Die Gemeinde erreicht so eine regionale Wertschöpfung von 13 Millionen Euro im Jahr.

Die ersten Schritte der Güssinger Energiewende waren Energiesparmaßnahmen. Die Stadt ließ kommunale Gebäude sanieren, dämmte Fassaden, stieg auf eine energiesparende Straßenbeleuchtung um und investierte in ein Fernwärmenetz. So gelang es, die Energieausgaben um fast die Hälfte zu senken. Allerdings bekam die Gemeinde den Unbill der Energielobby zu spüren. Förderanträge aus Güssing wurden zögerlich bearbeitet, mit Prüfungen nahm man es sehr genau. Dennoch hielt die Gemeinde Güssing an ihrem Konzept fest und ließ als Kernstück und Leitprojekt den Prototypen eines neuartigen Biomassekraftwerks bauen. Sie warb Investoren, akquirierte zusätzlich Kofinanzierungen durch die EU, das Land Österreich und das Burgenland und brachte im Jahr 2001 ein Kraftwerk auf den Weg, das nach einem neuen Verfahren Holzhäcksel in Holzgas umwandelt und daraus Strom und Wärme erzeugt. Die Anlage erzielt einen hohen Wirkungsgrad. Als Rohstoff dient Kleinholz aus der waldreichen Region – anstelle von Pflanzen wie Raps oder Mais, die auf Agrarflächen angebaut werden müssten. Der Musteranlage folgten weitere Projekte, immer nach der Devise: konsequent, visionär und lokal angebunden. Lokale Akteure profitieren von der Wertschöpfung – wie etwa bei einer Biogasanlage, die elektrische und thermische Energie aus nachwachsenden Rohstoffen wie Gras und Klee gewinnt. Die Anlage wurde im Jahr 2005 durch eine Investorengruppe realisiert. Mittlerweile haben Landwirte Anteile erworben und speisen einerseits ihre Rohstoffe in die Anlage ein, andererseits profitieren sie von den Gewinnen. In 12 Ortschaften des Bezirks entstanden Biomassenah- und Fernwärmesysteme, die die Bürger in Genossenschaften betreiben. Zugute kam der Gemeinde, dass das Burgenland aufgrund seiner Armut in die höchste Förderkategorie der EU eingestuft wurde. Ohne Fördermittel hätte man es in der Startphase schwer gehabt, sagt Bürgermeister Bernhard Deutsch heute. Wobei mittlerweile viele dieser Förderungen zurückgezahlt werden konnten.

Inzwischen steht der Name Güssing für ein ganzes Netz von Energiegewinnungssystemen. In ihrem Umfeld haben sich 50 neue Firmen angesiedelt, die insgesamt 1.100 neue Arbeitsplätze mitgebracht haben – darunter zwei große Parkettwerke und die erste Fotovoltaikfabrik Österreichs. Aufgrund des hohen Bedarfs an gut ausgebildeten Fachkräften wurde ein Weiterbildungszentrum gegründet, um einheimisches Personal zu qualifizieren. Die Abwanderung aus der Region konnte gestoppt werden, in einigen Gemeinden steigen die Bevölkerungszahlen. Vor allem versteht sich Güssing heute als Kompetenzzentrum erneuerbarer Energien und als Multiplikator ihrer Idee, die die Gemeinde unter dem Begriff „Modell Güssing" offensiv kommuniziert. Das Europäische Zentrum für erneuerbare Energien Güssing (EEE), dessen Vorstand die Gemeinde und ortsansässige Ingenieure bilden, vertreibt Wissen in Sachen Ökoenergie in alle Welt und exportiert Prototypen sowie Energiekonzepte an Städte, Gemeinden und Regionen.

So hat Güssing zum Beispiel ein Energiekonzept für die Stadt Lhasa in Tibet entwickelt. In Schweden baut die Stadt Göteborg derzeit ein Biomassekraftwerk nach dem Güssinger Modell. Und in Mecklenburg-Vorpommern floss Güssinger Fachwissen in das Projekt „(Bio)EnergieDörfer als Daseinsvorsorge in M-V", bei dem sich über 60 ländliche Gemeinden selbst mit erneuerbarer Energie versorgen wollen. 2011 begann das Modellvorhaben mit einem Pilotprojekt im Landkreis Ludwigslust.

Im Burgenland ist der Verbund rund um das Modell Güssing weiter expandiert. Das Europäische Zentrum für erneuerbare Energien Güssing hat sich mit 15 Gemeinden des Bezirks und der Landesinnung für Holzbau zum Verein ökoEnergieland zusammengeschlossen. Gemeinsam betreiben sie nun eine intensive Öffentlichkeitsarbeit, werben um Besucher und vermarkten Güssing als Adresse für Agro- und Öko-Touristen. Das Biomassekraftwerk Güssing und weitere 31 Anlagen stehen als Demonstrationsanlagen Besuchern offen. Im Seminarraum des Technologiezentrums finden Vorträge und Schulungen statt. Rund 50.000 Ökoenergie-Touristen besuchen mittlerweile das Europäische Zentrum für erneuerbare Energien pro Jahr. Mitarbeiter des Zentrums reisen durch die ganze Welt, in ihren Koffern Präsentationen, die demonstrieren, dass das Modell Güssing möglich ist. (tv)

↗ Europäisches Zentrum für erneuerbare Energien Güssing GmbH: www.eee-info.net
↗ Das ökoEnergieland: www.oekoenergieland.at
↗ Bioenergiedörfer in Mecklenburg-Vorpommern: www.nachhaltigkeitsforum.de

ABWÄSSER KLÄREN.

VEREIN ZUR ÖKOLOGISCHEN ABWASSERBEHANDLUNG OBERGRUNA E.V., SACHSEN

Ökonomisch und ökologisch sinnvolle Abwasserklärung ist kein einfaches Unterfangen. Ein Klärsystem darf nicht zu klein sein, denn es muss den Bedarf decken. Es sollte andererseits nicht zu groß sein, damit die Abwasserpreise nicht ins Unzumutbare steigen. Will man so bauen, dass ausdünnende Besiedlungen sachgerecht versorgt werden können, bedeutet die Aufgabe eine besondere Herausforderung. Sie erfordert flexible Lösungen. Ein Beispiel, wie eine kleine Gemeinde die Aufgabe meistern kann, ist Obergruna in Sachsen.

Es begann damit, dass das 500-Einwohner-Dorf Obergruna, ein Ortsteil von Siebenlehn bei Freiberg, im Jahr 1996 an das staatliche Abwasser-system angeschlossen werden sollte, einige Bürger sich bei einer Stadt-ratsitzung über die Planungen informierten und daran zweifelten, ob die vorgelegten Konzepte wirtschaftlich seien. Die Planung sah vor, die Abwässer in die etwa zwei Kilometer entfernte Kläranlage von Sieben-lehn zu pumpen – aber nicht auf geradem Wege, sondern erst zwei Kilometer in Richtung Mulde, dann zwei Kilometer bergan und dann wiederum mehrere Kilometer nach Siebenlehn. Der Investitionsbedarf wurde mit rund viereinhalb Millionen DM veranschlagt. Die Bürger beunruhigte zweierlei: Zum einen war geplant, die Kosten anhand der Grundstücksgrößen umzulegen, sodass Bauern, die große Höfe bewirtschafteten, über die Maßen belastet wurden. Zum anderen mutmaßten sie einen unverantwortlichen Umgang mit Geld.

Um zu einer besseren Einschätzung zu kommen, gründeten die Ober-grunaer eine Bürgerinitiative, begannen sich Fachwissen anzueignen und besichtigten Kläranlagen. „Überall, wo eine Kläranlage ökonomisch geführt wurde, haben wir Unterlagen bekommen", berichtet Lothar Rost,

Sprecher der damaligen Inititiave und heutiger Vereinsvorsitzender des Vereins zur ökologischen Abwasserbehandlung Obergruna e. V.

Aus eigenen Mitteln gab die Initiative zunächst beim Fresenius Institut in Taunusstein die Kostenschätzung einer wirtschaftlich angemessenen Abwasserentsorgung für Obergruna in Auftrag – kam auf rund zwei Millionen DM – und wurde politisch aktiv. Sie brachten mit lokaler Lobbyarbeit aus dem Umfeld der Initiative einen Abgeordneten in den Stadtrat, um entsprechende Anträge einreichen zu können und führten Gespräche mit den Bürgermeistern der Verwaltungsgemeinschaft. Schließlich gelang es, das Ingenieurbüro Peter Fischer aus Chemnitz mit ins Boot zu holen, das in Abstimmung mit den Bürgern ein dezentrales, vollbiologisches Abwasserkonzept entwickelte. Mit dem Ingenieurbüro planten sie ein gemeinschaftliches Projekt, bei dem die Grundstücks-eigentümer Interessengemeinschaften bilden und nach Maß biologische und wirtschaftlich sinnvolle Anlagen bauen. Sowohl Investitionen als auch Betriebskosten (–40 Prozent) fallen auf diese Weise niedriger aus, als wenn jeder Eigentümer seine eigene Anlage baut.

Das Konzept legte die Initiative der kleinen Gemeinde zur Abstimmung vor. Das ‚Ja‘ jedes einzelnen Bürgers war wichtig, schließlich waren sie es, die es tragen und finanzieren mussten. Die Bürger gaben grünes Licht. Auch der Stadtrat stimmte zu.

Damit war der Weg grundsätzlich frei. Doch ein schwieriger Teil der Arbeit stand noch aus. Denn wo eine Bürgerinitiative aus den gängigen Struk-turen ausscheren will, muss sie bürokratische Hindernisse überwinden. Zunächst musste der kommunale Abwasserzweckverband, der das Recht hat, alle Haushalte an die zentralen Systeme anzuschließen, Obergruna aus der Anschlusspflicht entlassen. Dies gelang, erforderte aber viel persönliches Engagement von Fürsprechern und eine inten-sive argumentative Zuarbeit der Bürgerinitiative. Weiterhin benötigte die Untere Wasserbehörde, die die wasserrechtliche Erlaubnis erteilt, einen Ansprechpartner. Die Initiative gründete als Rechtsperson des-halb den Verein zur ökologischen Abwasserbehandlung Obergruna. Um den Interessengemeinschaften, die je eine Anlage betrieben, einen rechtlichen Rahmen zu geben, hatten die Grundstückseigentümer Verträge miteinander abgeschlossen – diese genügten jedoch nicht, um einen Bauauftrag zu erteilen. Als Bauträger fungierte schließlich der Verein. Nun mussten noch Pachtverträge mit der Stadt oder der Kirche über die Standorte der Kläranlagen geschlossen werden – und Erstattungsverträge mit Grundstückseigentümern, die nicht Teil der Interessengemeinschaft waren, über deren Grundstücke aber Leitungen führten.

Im Juni 2001 war Baubeginn. Hinsichtlich der Wirtschaftlichkeit sprechen die Zahlen für sich. Für 361.356 Euro bauten die Bürger von Obergruna – ohne jegliche Fördermittel – vier Gemeinschaftsanlagen für je 24 bis 120 Personen und mehrere Kleinanlagen. Sie klären damit die Abwässer von rund 300 Personen. Die Interessengemeinschaften verwalten und bewirtschaften die Anlagen bis heute selbstständig. Das System ist je nach Zuwachs oder Schrumpfung der Gemeinde flexibel.

Das Konzept Obergruna erhielt regionale und überregionale Aufmerksamkeit. Der Mitteldeutsche Rundfunk (MDR) berichtete und Vorträge wurden gehalten. Das Projekt machte Schule. Im Nachbarort folgte der Bürgerverein Ökologische Abwassersysteme Burkersdorf e. V. dem Vorbild Obergrunas. Sowohl das Ingenieurbüro Fischer als auch der Verein erhielten Anfragen von Bürgern kleiner Gemeinden aus ganz Deutschland, die über dezentrale gemeinschaftliche Klärsysteme nachdachten. Nicht immer waren entsprechende Versuche erfolgreich. Eine Hürde, an der viele scheitern, ist die Zustimmung der Abwasserzweckverbände und der Genehmigungsbehörden. Der Grund ist eine Last aus der Nachwendezeit. In den 1990er Jahren hatten sich die Abwasserzweckverbände der neuen Bundesländer häufig von Planungsbüros fehl beraten lassen und mit reichlich Fördermitteln – die mit größerem Bauvolumen entsprechend höher ausfielen – überdimensionierte Kläranlagen gebaut. Heute haben diese kommunalen Abwasserentsorger Probleme, diese Systeme auszulasten und kämpfen um jeden Anschluss. Eine weitere Hürde ist das Engagement, das die Unternehmung den Bürgern abverlangt. Sie müssen sich Fachwissen aneignen, müssen Interessengemeinschaften bilden, die bestimmten Rechtsformen genügen, sich organisieren und koordinieren. Der Prozess bedarf mitunter jahrelanger und intensiver Kommunikation. Nicht selten bröckelt der Zusammenhalt, wenn sich das Ringen mit den Behörden als allzu zäher Kampf erweist.

In jüngster Zeit waren Modelle dezentraler Abwasserlösungen erfolgreich, bei denen nicht Bürgervereine in Eigenregie agierten, sondern die Abwasserzweckverbände selbst die Federführung behielten. Beispiele sind Pilotprojekte in Leisnig in Sachsen oder in Könnern, Sachsen-Anhalt. Beide Projekte wurden – anders als das Klärsystem Obergruna – mit Fördermitteln realisiert. (tv)

↗ Betreuendes Ingenieurbüro des Projekts in Obergruna: www.ibfischer.de
↗ Forum Kläranlagen im Vergleich: www.klaeranlagen-vergleich.de
↗ Bildungs- und Demonstrationszentrum für dezentrale Abwasserbehandlung: www.bdz-abwasser.de

MOBILITÄT

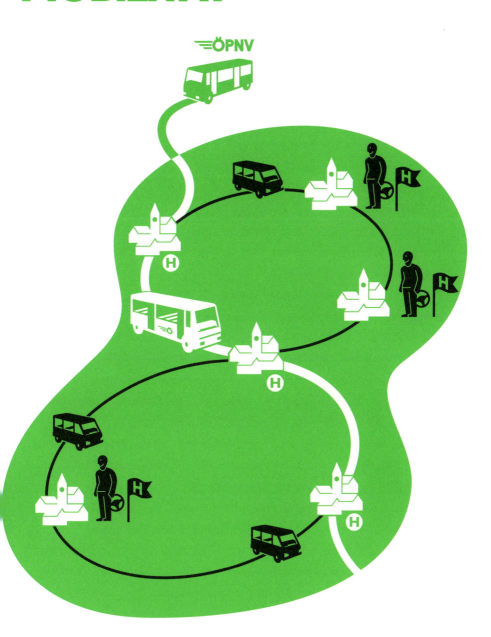

BÜRGER FAHREN BÜRGER.

BÜRGERBUS HOHER FLÄMING E. V., BRANDENBURG

Die Beweggründe, den Bürgerbus im Hohen Fläming ins Leben zu rufen, sind schnell erklärt. Das Gebiet um die Stadt Belzig ist durch weit verstreute kleine Dörfer geprägt. In manchen verkehrt der öffentliche Nahverkehr während der Schulferien nicht öfter als einmal wöchentlich. Da sich wenig befahrene Strecken nicht rentieren, ist er auf eine Notversorgung für Schüler reduziert. Die Möglichkeit der Fortbewegung und Teilhabe am gesellschaftlichen Leben außerhalb des Dorfes beschränkt sich nahezu auf die Halter von Fahrzeugen. Wer kein Auto besitzt, ist buchstäblich abgeschnitten.

Für Bernd Hölder, Gründer des Vereins BürgerBus Hoher Fläming e. V., begann die Unternehmung 2004, als er mit einem gebrochen Bein zu Hause saß, sich ohne Auto und Busanbindung kaum fortbewegen konnte und im Fernsehen einen Beitrag über einen Bürgerbus in Gransee in Brandenburg sah. Bürgerbusse gibt es in Deutschland seit etwa 20 Jahren – der Erste fuhr 1985 in Nordrhein-Westfalen. Den Osten erreichte die Idee mit der Buslinie in Gransee. Bernd Hölder nahm Kontakt dorthin auf, ließ sich beraten, bekam eine Handvoll Tipps und den Kontakt zu Eckart Schenk am Berliner Institut Nexus, der sich mit dem Thema Mobilität im ländlichen Raum befasste. Dieser Kontakt erwies sich als überaus nützlich, denn das Institut Nexus untersuchte in den folgenden Monaten die Mobilität im Hohen Fläming. Für Bernd Hölder und seinen Mitstreiter Alexander von Meier kürzte dies einige Wege ab. Sowohl die Recherchearbeiten zu Bedarf und Versorgung mit öffentlichen Verkehrsmitteln im Hohen Fläming als auch Informationen über sämtliche Modelle von Bürgerbussen wurden ihnen frei Haus geliefert. Dennoch kostete es die beiden nicht weniger als zwei Jahre, sich zu Spezialisten und lokalen Lobbyisten für die Sache „Bürger fahren Bürger" auszubilden.

„Wer einen Bürgerbus gründen will, muss vor allem zwei Dinge mitbringen: Einen langen Atem und sehr viel Zeit", sagt Hölder.

Wer einen Bürgerbus gründen will, braucht außerdem ein Netzwerk von Mitstreitern, denn die Einrichtung steht und fällt mit lokaler politischer Unterstützung und einer großen Zahl freiwilliger Fahrer, die abwechselnd unentgeltlich Schichten fahren. Bernd Hölder und Alexander von Meier waren zu zweit. Dass der Aufbau der nötigen sozialen Infrastruktur überraschend schnell und gut gelang, führt Hölder darauf zurück, dass der Hohe Fläming zwar eine dünne Besiedlung aufweist, aber seit vielen Jahren den Zuzug von Akteuren erlebt, die dort kulturelle und soziale Strukturen aufbauen oder an diese anknüpfen. Hölder und von Meier nahmen Kontakt zur Kommunal- und Landespolitik, zum Verkehrsverbund Berlin-Brandenburg und zu sozialen Multiplikatoren auf und entwickelten parallel ein Konzept. Im Landkreis Potsdam-Mittelmark gewann das Projekt parteiübergreifend Unterstützung, ein Landtagsabgeordneter setzte sich dafür ein, die lokale Presse berichtete wohlwollend.

Ein Nadelöhr für die Gründung von Bürgerbussen ist die Lizenz für öffentlichen Nahverkehr. Jedes Gebiet ist qua Gesetz einem Lizenzträger zugeordnet, der das Monopol auf den öffentlichen Verkehr innehat. Dieser kann nach Belieben private und andere Anbieter als Subunternehmer beauftragen – oder auch nicht. Bürgerbusmodellen treten diese öffentlichen Verkehrsgesellschaften oft skeptisch oder ablehnend gegenüber. Man argumentiert, dass durch das Prinzip der Freiwilligkeit bezahlte Arbeitsplätze gefährdet würden. Warum soll man Busfahrer beschäftigen, wenn es ein Reservoir von Freiwilligen gibt, die bereit sind, öffentliche Aufgaben zu übernehmen? Hölder hält dem entgegen, die herbei argumentierte Konkurrenz durch die Freiwilligkeit bestehe nicht. Denn auf den Strecken, die ein Bürgerbus übernimmt, existierte kein Angebot durch den öffentlichen Nahverkehr.

Auch private Verkehrsanbieter fürchten Konkurrenz durch Bürgerbusse, ohne allerdings in den betreffenden Regionen bislang einen interessanten Markt erkannt zu haben.

Die öffentliche Verkehrsgesellschaft Belzig, deren Zustimmung Voraussetzung für den Traum vom Bürgerbus war, konnte für das Projekt gewonnen werden. Schließlich einigte man sich auf ein Konzept, nach dem der Bürgerbus als reguläres ergänzendes Verkehrsmittel und als Subunternehmer der Verkehrsgesellschaft agiert. Ebenso wie der öffentliche Nahverkehr deckt der Verein Bürgerbus Hoher Fläming e. V. seine laufenden Kosten aus Mitteln des Landkreises – andere Bürgerbusmodelle finanzieren sich durch Zuschüsse Gewerbetreibender oder auch über die Kommunen. Die Fahrpreise des Bürgerbusses sind an die des öffentlichen Verkehrs gebunden, Gewinne müssen an die Verkehrsgesellschaft und damit indirekt an den Landkreis abgeführt werden. Aus eigenen Kräften muss der Verein seine Fahrzeuge anschaffen und die personellen Ressourcen für die Fahrdienste mobilisieren. Der erste Bus – ein Kleinbus mit acht Plätzen – wurde aus EU-Geldern und aus Lotto-Mitteln des Landes finanziert.

Im September 2006 wurde der Bürgerbus eingeweiht. Der Verein begann zunächst mit 13 Mitgliedern und sechs aktiven Fahrern seine Arbeit. Heute zählt er 45 Mitglieder und 17 Fahrer. Er bedient zwei Strecken, die südöstlich und westlich von Belzig je sechs und sieben Orte anbinden. Er verkehrt bislang einmal vormittags und einmal nachmittags oder abends. Die Fahrgastzahlen stiegen von rund 1.200 Personen (2006) auf etwa 2.000 Fahrgäste pro Jahr.

Nach Hölders Einschätzung gelingt oder scheitert der Betrieb des Bürgerbusses mit der Pflege sozialer Netzwerke und eines positiven Betriebsklimas innerhalb der Gruppe der Freiwilligen, die sich regelmäßig treffen, um Schichten zu verteilen. Entgegen aller Erwartungen haben sich im Verein viele Frauen und viele Erwerbslose engagiert. Eine Attraktion ist der Erwerb des „Personenbeförderungsscheins", den jeder Fahrer erhält – und der manchen Fahrern wiederum den Einstieg in den regulären Arbeitsmarkt ermöglicht. Eine stetige Fluktuation an Personal zählt deshalb zu den Gegebenheiten, mit denen der Verein umgehen muss. Er unterhält daher zahlreiche Kontakte zu örtlichen Gruppen und Vereinen und versucht, sein Angebot auf deren Bedürfnisse abzustimmen. So kooperiert er beispielsweise mit dem Naturparkverein Fläming e. V. und befördert am Wochenende Wanderer zum Anfangspunkt eines Kunstwanderweges und vom Ende des Weges zurück zum Belziger Bahnhof. Der Bürgerbus versteht sich nicht als singuläre Serviceeinrichtung, sondern setzt sich gemeinsam mit anderen lokalen Akteuren für mehr Lebensqualität im ländlichen Raum ein. (tv)

↗ BürgerBus Hoher Fläming e. V.: www.buergerbus-hoherflaeming.de
↗ Mehr über die ersten Bürgerbusse in Deutschland:
www.lwl.org/LWL/Kultur/Westfalen_Regional/Verkehr/Bahn/Buergerbusse

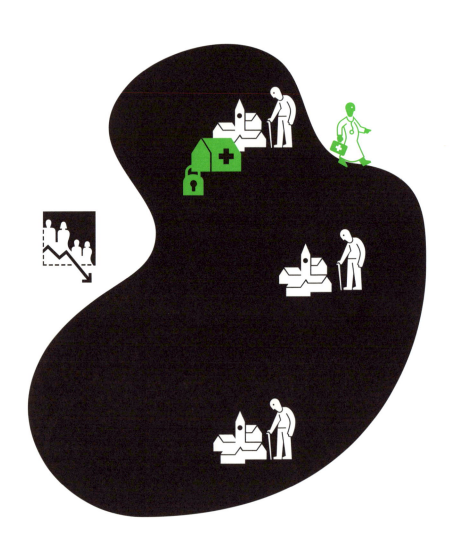

GESUNDHEIT

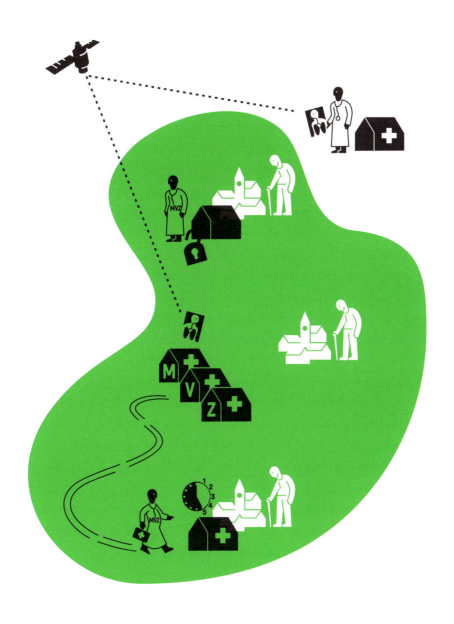

VERSORGUNGS-ZENTREN AUFBAUEN.

JOHANNITER-ZENTRUM FÜR MEDIZINISCHE VERSORGUNG IN DER ALTMARK GMBH, SACHSEN-ANHALT

Wie in allen ländlichen Abwanderungsregionen zeichnet sich in der Altmark ein eklatanter Mangel an ambulanter ärztlicher Versorgung ab. Vor allem in Dörfern weitab der Städte fehlen Hausärzte. Laut Angaben der Kassenärztlichen Vereinigung Sachsen-Anhalts müssten in der Region derzeit 21 Hausärzte eine Praxis eröffnen, damit die Versorgung entsprechend der Landesplanung gewährleistet wäre. Hinzu kommt, dass die jetzt noch praktizierenden Ärzte altern. Das Durchschnittsalter der Hausärzte im Altmarkkreis liegt bei über 50 Jahren. In absehbarer Zeit werden viele ihre Praxen schließen, und Nachfolger sind oft nicht in Sicht. Darüber hinaus sucht die Kassenärztliche Vereinigung Sachsen-Anhalt auf ihrer Webseite auch dringend Fachärzte. Auf dem Land haben die Schließungen bestimmter Praxen mittlerweile zur Folge, dass Patienten Strecken von über 100 Kilometern zum nächsten entsprechenden Angebot zurücklegen müssen.

Im Jahr 2007 gründete sich die Johanniter-Zentrum für Medizinische Versorgung in der Altmark GmbH. Der Radiologe Dr. Andreas Trusen, der sich als einer der ersten Ärzte dem Medizinischen Versorgungszentrum anschloss und heute dessen geschäftsführender Leiter ist, berichtet: „In Stendal gab es einen niedergelassenen Radiologen, der insolvent wurde. Dass sich hier eine neue radiologische Nachfolgepraxis gründen würde, war nicht abzusehen. Daher übernahmen wir die Praxis in das Versorgungszentrum und konnten sie so weiterführen. Es ging nicht an, dass Patienten aus der nördlichen Altmark bis nach Magdeburg zur Kernspintomographie hätten fahren müssen."

Ein Medizinisches Versorgungszentrum, kurz MVZ, ist eine Kooperationsform im Gesundheitswesen, die im Jahr 2004 mit dem sogenannten

Gesundheitsmodernisierungsgesetz (auf Grundlage des § 95 SBG V) möglich wurde. Dabei gründen „mehrere zugelassene Leistungsbringer im Gesundheitswesen" einen Zusammenschluss und bieten in Abstimmung miteinander bestimmte Dienste an. Die Ärzte eines MVZ können, aber müssen nicht in einer gemeinschaftlichen Einrichtung tätig sein. Ein grundlegender Unterschied zu herkömmlichen Gemeinschaftspraxen ist, dass nicht einzelne selbstständige Ärzte sich die Räume einer Praxis teilen, sondern dass sie Angestellte des Versorgungszentrums sind. Neu ist auch, dass sich Krankenhäuser und Krankenhausärzte einem MVZ anschließen können und dass Krankenhausärzte auf diese Weise Patienten ambulant betreuen dürfen. Bis zur Gesetzesnovelle waren sie von der ambulanten Pflege ausgeschlossen.

„In Stendal gründeten wir im Jahr 2007 das Johanniter-Zentrum, um Ressourcen des Krankenhauses besser nutzen zu können", sagt Dr. Andreas Trusen. So teilt sich der Radiologe Dr. Trusen teure technische Geräte mit dem Johanniter-Krankenhaus. Und ein Chirurg im 35 Kilometer entfernten Parey verständigt sich mit der radiologischen Praxis in Stendal per Telemedizin. Neben dieser Möglichkeit im Netzwerk zu arbeiten, bietet die Struktur eines Medizinischen Versorgungszentrums die Chance, niedergelassene Praxen, für die sich kein Nachfolger findet, mit angestellten Ärzten des MVZ zu besetzen. Die angestellten Ärzte übernehmen im Gegensatz zu niedergelassenen Ärzten kein unternehmerisches Risiko – die Entscheidung, eine Praxis im ländlichen Raum zu führen, fällt damit leichter. Zudem werden Verwaltungsarbeiten zentral von der Geschäftsführung des Versorgungszentrums übernommen, sodass der praktizierende Arzt davon entlastet wird. Ein Beispiel für den Erhalt eines Arztsitzes ist eine Praxis für Innere Medizin in Stendal. Die niedergelassene Ärztin hatte fünf Jahre lang nach einem Nachfolger gesucht und sich im Jahr 2009 dafür entschieden, die Praxis an das Johanniter-Zentrum anzugliedern. Da die Praxis auf Diabetologie spezialisiert ist und in einem Umkreis von etwa 30 Kilometern das einzige Angebot auf diesem Gebiet darstellte, hätte eine Schließung eine empfindliche Lücke gerissen.

Möglich ist auch, dass MVZ-Ärzte stundenweise in verschiedenen Praxen arbeiten. So können Praxen in Teilzeit besetzt werden, die sich andernfalls nicht mehr rentieren würden.

Das Johanniter-Zentrum arbeitet heute mit drei Radiologen, zwei Strahlentherapeuten, drei Orthopäden, einem Chirurgen, einer Gynäkologin und einer Ärztin für Innere Medizin. Acht Ärzte arbeiten in Stendal – mehrere davon direkt in den Räumen des Klinikums – eine Praxis befindet sich im Städtchen Osterburg und eine in der kleineren Ortschaft Parey.

Freilich ist die Kooperationsform „Medizinisches Versorgungszentrum" im klassischen Sinne kein Raumpionier, sondern ein neues Instrument im staatlichen Gesundheitssystem. Wer nach alternativen Formen der Daseinsvorsorge im ländlichen Raum fragt, kommt dennoch um die MVZs kaum herum. Denn unbestritten beschreitet das Modell neue Wege und bricht radikal mit Traditionen. Sehen die einen darin das Ende des Arztberufs als Berufung, erkennen andere darin Potenziale, um im ländlichen Raum „die medizinische Grundversorgung zu gewährleisten", wie zum Beispiel Dr. Andreas Köhler, Vorstandsvorsitzender der Kassenärztlichen Bundesvereinigung.

Ob Medizinische Versorgungszentren in nennenswertem Umfang Lücken ärztlicher Versorgung in strukturschwachen, ländlichen Gebieten schließen können, bleibt abzuwarten. Dr. Andreas Trusen betont, in der derzeitigen Situation seien die MVZs in dieser Funktion überfordert. Die MVZs lösten nicht die Probleme des Ärztemangels auf dem Land. Die Fehlstellen an ambulanten Fachärzten – und vor allem an Hausärzten – in der Altmark könnten auch angestellte Ärzte des Johanniter-Zentrums nicht besetzen.

Bis heute haben sich bundesweit 7.500 Ärzte dazu entschieden, in Medizinischen Versorgungszentren zu arbeiten. 150.000 Ärzte arbeiten in niedergelassenen Praxen. Ergebnisse einer Studie der Kassenärztlichen Bundesvereinigung „MVZ-Survey 2008" zeigten, dass medizinische Versorgungszentren häufiger in Städten als auf dem Land gegründet wurden, die meisten von ihnen in Bayern, Berlin und Niedersachsen.

Die Frage, inwiefern sie zur Grundversorgung in unterversorgten ländlichen Gebieten beitragen können, müsste laut Studie Gegenstand weiterer Untersuchungen sein. (tv)

↗ Johanniter-Zentrum für Medizinische Versorgung in der Altmark GmbH:
www.johanniter.de/einrichtungen/krankenhaus/genthin-stendal/
medizin-pflege/medizinische-zentren/medizinisches-versorgungszentrum
↗ Kassenärztliche Bundesvereinigung: www.kbv.de
↗ Kassenärztliche Vereinigung Sachsen-Anhalt: www.kvsa.de

ALTE VON MORGEN PFLEGEN ALTE VON HEUTE.

ZUM BEISPIEL STENDAL

BÜRGERINITIATIVE STENDAL E. V., SACHSEN-ANHALT

Sie wurden mehrfach ausgezeichnet. Mit dem Preis der Hertie-Stiftung für Engagement und Selbsthilfe 2008 und mit einer Ehrung für Engagement im Generationendialog. Ihre Gründerin, Marion Kristin Mohr, bekam den Verdienstorden der Bundesrepublik. Das mag der Größe der Aufgabe geschuldet sein, der sich die Bürgerinitiative stellt. In ländlichen Regionen mit schrumpfender Bevölkerung bleiben die Alten zurück. In der Altmark wird im Jahr 2020 jeder zweite Bürger über 50 Jahre alt sein; wenn die Prognose Recht behält, dünnen etwa im Gleichschritt Verkehrsnetze und Versorgungsleistungen aus. Mehr Alten, die Fürsorge und Zeit benötigen, stehen weniger Ärzte, weniger Betretreuungspersonal und weniger junge Familienmitglieder gegenüber. Infolgedessen sind Alte wie Junge mit neuen Problemen konfrontiert. Senioren bekommen Engpässe bei Pflege und Betreuung zu spüren – und deren Angehörige werden mit den Aufgaben zunehmend überfordert sein. Der Grundgedanke der Bürgerinitiative Stendal (BIS) war, dass dieser Wandel die Gesellschaft grundsätzlich verändert und daher neue Strukturen von Gemeinschaft und Verantwortlichkeit erfordert. Die BIS versucht zwei Parameter, die Landstriche jenseits der Wachstumszonen prägen, sinnvoll miteinander zu verknüpfen. Sie mobilisiert menschliche Potenziale, die in schrumpfenden Regionen brach fallen, und bindet Hartz-IV-Empfänger und Frührentner in eine Gemeinschaft ein, die ehrenamtlich Bedürftige betreut.

Im Jahr 2004 gründete Marion Kristin Mohr mit neun Mitstreitern den Verein Bürgerinitiative Stendal e. V. und formulierte das Ziel, Lücken in der Pflege und Betreuung zu schließen. Mithilfe des Programms „LOS –

Lokales Kapital für soziale Zwecke" akquirierte die BIS eine Anschub-
finanzierung von 9.000 Euro, mietete ein Büro an, richtete es mit Mobiliar
und Technik aus zweiter Hand ein und begann, einen Pool von Freiwilligen
zu sammeln und ihr erstes Projekt „Hilfe zur Selbsthilfe" aufzubauen.
Der Verein übernahm die Koordination gegenseitiger Unterstützung.
Wer Hilfe in Haus oder Garten benötigt, kann auf den Pool der Freiwilligen
zurückgreifen. Die Vereinsmitglieder helfen gegen eine geringe Auf-
wandsentschädigung für ehrenamtliche Tätigkeiten. Alternativ können
Punkte auf einem Zeitkonto gutgeschrieben werden.
Parallel arbeitete die BIS an einem weiteren Projekt: dem Angebot
einer Tagesstätte zur Betreuung von Demenzkranken. Damit reagierte
man auf das Problem, dass Demente häufig zwar noch keine Pflege
benötigen, aber doch rund um die Uhr betreuungsbedürftig sind. Eine
Heimbetreuung ist teuer und mitunter noch nicht erforderlich. Die
mobilen Pflegedienste kommen nur zwei Mal täglich, und Familienmitglieder sind mit einer Vollzeitaufsicht überfordert. Daher sollte die
Tagesstätte explizit auch Angehörige entlasten. Im Mai 2006 konnte das
Projekt als „niedrigschwelliges Betreuungsangebot" (nach SGB XI § 45 c)
umgesetzt werden. Es wurde durch die Sozialagentur des Landes
Sachsen-Anhalt anerkannt und bezog erste Räume bei der Wohnungs-
bau-Genossenschaft Altmark. Die fachliche Anerkennung bedeutet,
dass die Gäste die Leistungen der Tagesstätte als zusätzliche Betreu-
ungsleistung bei ihrer Pflegeversicherung abrechnen können. Das
Projekt arbeitet mit Freiwilligen und zwei hauptamtlichen Fachkräften.
Wer das Angebot in Anspruch nimmt, bezahlt einen kleinen Beitrag –
20 Euro pro Monat für den Platz und 15 Euro Tagesgeld. Die BIS sieht
sich mit ihrem Angebot nicht als Konkurrenz zu anderen Diensten. Vielmehr kooperiert sie per Vereinbarung zum Beispiel mit dem Stendaler
Pflegedienst Sozialstation Süd. Im März 2010 konnte die Tagesstätte
ein neues, größeres Domizil bei der Stendaler Wohnungsbaugesellschaft
beziehen. Für den Umzug wurde das Preisgeld der Hertie-Stiftung
investiert.

Sowohl durch die Hilfe zur Selbsthilfe als auch durch die Betreuung von Demenzkranken trägt die BIS Stendal dazu bei, dass Alte länger in den eigenen vier Wänden bleiben können. Ein weiteres Ziel ist, Alten zu ermöglichen, in einem lebendigen, durchmischten Umfeld zu leben. Mit dem Projekt „Generationencafé" organisiert die BIS monatlich an wechselnden Orten Themenabende für Junge und Alte, bei denen Vorträge gehalten werden. Für Kaffee und Kuchen werden zwei Euro eingenommen, aus dem Erlös gegebenenfalls kleine Honorare beglichen. Das Angebot ist zum Selbstläufer geworden und wird gut angenommen. Zu Beginn besuchten etwa 25 Gäste die Veranstaltungen, mittlerweile kommen etwa 60 Besucher pro Abend.

In naher Zukunft wird sich die BIS verstärkt für altengerechte Lebensbedingungen auch im Umland engagieren. Ab 2011 beginnt sie damit, in ländlichen Gemeinden dezentrale Demenzbetreuungen aufzubauen. Wegen mangelnder finanzieller Mittel wird der Verein darauf verzichten, jeweils eigene Tagesstätten anzumieten, stattdessen werden Räume in Gemeindezentren oder Vereinshäusern mitgenutzt. Zurzeit ist die BIS dabei, ein Netz von Koordinatoren aufzubauen. Diese werben jeweils lokal um freiwillige Helfer und treffen Absprachen zum „Room Sharing". Später werden sie den Einsatz der Ehrenamtlichen koordinieren. Anders als bei der Demenztagesstätte in Stendal werden die dezentralen ländlichen Betreuungsstätten nicht mit ausgebildeten Fachkräften arbeiten können, sondern sind allein auf ehrenamtliche Kräfte angewiesen. Als Fernziel arbeitet die Bürgerinitiative an altengerechten Mobilitätskonzepten für den ländlichen Raum. Unter anderem befasst sie sich mit Modellen von spezialisierten Bürgerbussen für Demente – denn in der Altmark dünnen Verkehrsverbindungen aus, und Alzheimererkrankte aus entlegenen Dörfern haben Schwierigkeiten, städtische Versorgungseinrichtungen zu erreichen. Dazu kooperiert die BIS mit der Hochschule Magdeburg-Stendal (FH).

Seit ihrer Gründung im Januar 2004 hat die Bürgerinitiative Stendal eine beachtliche Erfolgsgeschichte geschrieben. Der Verein ist von neun auf

330 Mitglieder angewachsen. 82 Ehrenamtliche sind in ihm aktiv. Die Tagesstätte betreut 49 Personen.

Entgegen der Meinung, der Faktor Arbeitslosigkeit wirke sich negativ auf die Bereitschaft zum bürgerschaftlichen Engagement aus, erlebt die Stendaler Hilfsgemeinschaft einen starken Zulauf Erwerbsloser. Das Angebot nützlich zu sein und einer Gemeinschaft anzugehören, sei ein starker Anreiz, sagt Initiatorin Marion Kristin Mohr. Und nicht zuletzt ginge es darum, heute zu handeln, um morgen auch selbst noch gut leben zu können.

Tatsächlich ist ein vitales Netzwerk entstanden. Der Verein kooperiert unter anderem mit dem Senioren-Wohnpark Tangerhütte, einer Schule, einer Theaterwerkstatt, der Volkssolidarität, dem DRK, der Hochschule Magdeburg-Stendal (FH) und dem Lokalfernsehen der Stadt. In Stendal braucht der Verein mittlerweile nicht mehr aktiv um Ehrenamtliche zu werben, und im Umland entstehen erste Ableger des Geflechts. Mohr möchte dieses Netzwerk weiter ausweiten, möchte die Betreuungsange- bote ausbauen und auf lange Sicht Stendal und seine Umgebung zu einem Ort entwickeln, der speziell für Alte eine besondere Lebensqualität bietet. So werde man den Schrumpfungsprozess nicht umkehren, aber er werde „sanfter" ausfallen, sagt Marion Kristin Mohr.

Trotz aller Erfolge müssen die Grenzen der Möglichkeiten des Stendaler Modells beachtet werden. Diese Grenzen setzt – wie so oft – das Geld. Die Dienste des Vereins gelten als „freiwillige Leistung", nicht aber als „kommunale Pflichtaufgabe" – weshalb sich weder der Landkreis noch die Kommunen an den Kosten für die Angebote beteiligen. Dennoch fallen – auch bei ehrenamtlich geführten Projekten – Kosten für Mieten, Fachkräfte und Sachmittel an. Starthilfen und Preisgelder können einen Stein ins Rollen bringen. Um aber für einen langen Zeitraum eine funktionierende Basisinfrastruktur unterhalten und ausbauen zu können, bräuchte die Gemeinschaft in geringem Umfang finanzielle Zuwendungen, die regelmäßig und kalkulierbar sind. (tv)

↗ Bürgerinitiative Stendal e. V.: www.bisev.de

BILDUNG

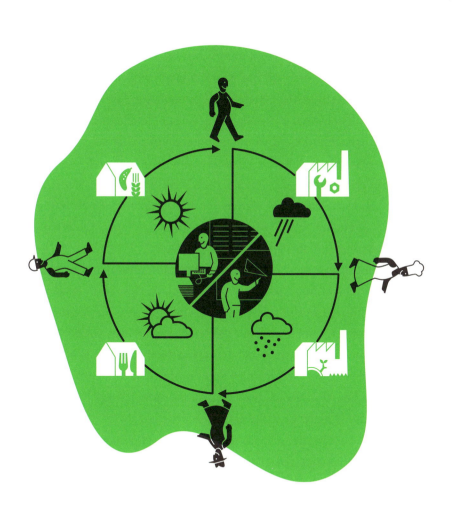

ARBEITSKRÄFTE TEILEN.

ANIA – AUSBILDUNGSNETZWERK IM ARBEITGEBER-ZUSAMMENSCHLUSS SPREEWALD, BRANDENBURG

Das Entwicklungsbüro tamen hatte die Idee aus Frankreich. Dort gibt
es seit Langem „Groupements d'employeurs" – Zusammenschlüsse von
Unternehmen, um Personal, das eine Firma allein nicht auslasten kann,
miteinander zu teilen. Das Modell reagiert auf eine Entwicklung, die
Arbeitsmärkte nicht nur in Frankreich prägt: Der lokale Bedarf an Arbeitskraft ist eingeschränkt und wird zunehmend spezieller. Kleine Firmen
suchen bestimmte Fachkräfte, die sie andererseits kaum voll beschäftigen,
verwalten oder bezahlen können. Landwirtschaft und Tourismusbranche
suchen saisonal. Dem gegenüber stehen Arbeitnehmer, die abwandern,
wenn vor Ort keine volle Stelle in Aussicht steht, Fachkräfte fehlen. Der
demografische Wandel verschärft das Problem.

Das Berliner Büro tamen, das sich mit ländlicher Entwicklung, Arbeit
und Ausbildung befasst, setzte sich zum Ziel, das Konzept der Groupements d'employeurs nach Deutschland zu importieren. Zunächst nach
Brandenburg. Es machte sich mit dem noch vagen Plan auf die Suche
nach Partnern, fand sie beim Landwirtschaftsministerium Brandenburg
und begann in dessen Auftrag eine Studie zu erarbeiten, um zu prüfen,
ob und wie das Modell übertragbar sei – hinsichtlich der Hintergrund-
situation, des Bedarfs und der Rechtsgrundlagen.

2003 betrat die Idee der brandenburgischen Groupements d'employeurs,
die im Deutschen nun „Arbeitgeberzusammenschluss (AGZ)" hießen,
den unebenen Boden der Praxis, in der immer Menschen, Beziehungen
und Dynamiken die entscheidende Rolle spielen. Es galt, einen lokalen
Akteur zu finden, den das Modell überzeugte und der Brandenburger
Arbeitgeber und Arbeitnehmer für einen Praxisversuch gewinnen würde.
Man dockte beim Regionalmanagement Spreewald an, einem Verbund

zur Vermarktung regionaler Produkte wie Fisch, Kartoffeln und Spree-waldgurken und stieß auf Andreas Petschick. Petschick genießt das Vertrauen von Landwirten und anderen lokalen Unternehmern und warb für die Idee. Die Agrarbetriebe sahen in dem Modell den Vorteil, Saison-kräfte besser auszulasten und aus mehreren jahreszeitlich befristeten Jobs volle Stellen schaffen zu können. Etwa: Gurkenernte im Sommer, Maschinenwartung im Herbst, Weihnachtsbäume schneiden im Winter. Andere Betriebe erwarteten, über den Zusammenschluss eine Perso-nalkraft für Buchhaltung gemeinsam beschäftigen zu können. 2005 gründete sich der Arbeitgeberzusammenschluss Spreewald mit neun Firmen und einem gemeinsamen Management, der SpreewaldForum GmbH. Dem Geschäftsführer Andreas Petschick stand das Büro tamen weiterhin beratend zur Seite. Eine Startförderung gewährte das Land Brandenburg. Nach ersten Gehversuchen und positiven Erfahrungen erweiterten die Gründungsfirmen – fast ausschließlich Land- und Forstwirte – das Netz auf die Branchen Nahrungsmittelverarbeitung, KFZ, Kommunikation und Gastronomie.

Mittlerweile hat der Verbund auch ein Ausbildungsnetzwerk aufgebaut. Denn Ausbildung und sichere Stellen entscheiden darüber, ob qualifi-zierte Kräfte, die die Unternehmen auch morgen noch brauchen, in der Region bleiben oder ihr den Rücken kehren.

Wichtig ist den Akteuren des Zusammenschlusses ein anderes Modell der Absicherung anbieten zu können, als das gewöhnlicher Zeitarbeits-firmen. Ein entscheidender Unterschied ist, dass bei Zeitarbeit die Verantwortung für den Arbeitnehmer an eine Firma abgegeben wird. Die Zeitarbeitsfirma nutzt die unsichere Lage der Arbeitnehmer wie der Arbeitgeber für sich und schlägt daraus Profit. Ein Teil der Wertschöpfung der Arbeitskraft fließt an die Zeitarbeitsfirma ab. Infolgedessen arbeiten Zeitarbeiter oft zu geringeren Löhnen. Nach dem Modell der Arbeit-geberzusammenschlüsse wird die Verantwortung für die gemeinsam beschäftigte Arbeitskraft geteilt. Eine koordinierende Stelle übernimmt verwaltende und organisatorische Aufgaben. Sie wird ebenfalls anteilig

von den Unternehmern bezahlt, kommt aber günstiger, da sie selbst
nicht gewinnorientiert arbeitet.

Eine Schwierigkeit ist, dass es in Deutschland – anders als in Frankreich –
keine gesetzliche Regelung gibt, nach der ein Verbund von Arbeitgebern
gemeinsam eine Arbeitskraft einstellen kann. Deshalb müssen die
deutschen AGZs einen Umweg nehmen. Für die Verwaltung und Koordi-
nierung der Kombi-Arbeitskräfte wird eine eigene Firma gegründet –
das gemeinsame Management. Sie kann die Rechtsform einer GmbH
oder einer Genossenschaft haben. Diese schließt mit den „gemeinsamen"
Arbeitnehmern ihre Arbeitsverträge ab. Wie eine Zeitarbeitsfirma auch
benötigt das gemeinsame Management eine Genehmigung nach dem
deutschen „Arbeitnehmerüberlassungsgesetz". Der Unterschied zur
Zeitarbeitsfirma ist also kein rechtlich formaler, sondern zeigt sich in
Selbstverständnis und Praxis. Die Entlohnung erfolgt über einen Grund-
lohn und einen Zuschlag je nach Einsatz in den Mitgliedsunternehmen.
Dabei werden Arbeitnehmern mit kombinierten Stellen die gleichen
Löhne garantiert, wie Festangestellten nur eines einzigen Betriebes mit
vergleichbaren Aufgaben. Einsatzgebiete und Zeitrahmen, Zukunfts-
strategien und Mitarbeiterentwicklung werden zwischen Management
und Mitgliedsunternehmen abgestimmt. Ein entscheidender Vorteil
für Arbeitgeber und Arbeitnehmer gegenüber der Zeitarbeit besteht
darin, dass Mitarbeiterbindungen entstehen und flexible Arbeitsmodelle
nicht mit „Hire and Fire" gleichgesetzt werden müssen. Das Spreewälder
Pilotprojekt erweist sich bislang als Erfolg. Ihm gehören inzwischen
47 Mitgliedsunternehmen an. 82 Arbeitnehmer besetzen kombinierte
Stellen.

Seit 2008 hat der Verbund damit begonnen, das Ausbildungsnetzwerk
im Arbeitgeberzusammenschluss Spreewald (ANiA) aufzubauen.
Da in strukturschwachen Regionen vor allem Nachwuchs geeigneter
Facharbeitskräfte fehlt, koordiniert die SpreewaldForum GmbH über
den Personaleinsatz hinaus eine gemeinsame betriebliche Ausbildung.
Wo einzelne Unternehmen keine volle Lehrstelle anbieten oder verwalten können, teilen sich Partnerbetriebe einen gemeinsamen Ausbilder.

Dieser organisiert den Einsatz in unterschiedlichen Firmen und leistet die Abstimmung mit den Berufsschulen. Vor allem Agrarbetriebe, die große Schwierigkeiten damit haben, überhaupt Auszubildende zu bekommen, profitieren von dieser Gelegenheit, eigenen Nachwuchs auszubilden. Ein wichtiger Vorteil ist, dass sie im Verbund eine vielseitigere, komplexere Ausbildung anbieten können. Die Azubis haben so etwa die Möglichkeit, sich parallel mit der Arbeitsweise im hochtechnisierten Agrarbetrieb vertraut zu machen als auch Fachwissen aus ökologischer Landwirtschaft mitzunehmen.

Arbeitgeberzusammenschlüsse wie der AGZ Spreewald bewegen sich in Deutschland dieser Tage noch auf nahezu unerschlossenem Terrain. In Frankreich hat sich das Modell in den vergangenen 15 Jahren vom Nischenphänomen der Nachbarschaftshilfe zum Wirtschaftsfaktor entwickelt; die Potenziale des Ansatzes bei sich wandelnden Arbeitsmärkten werden zunehmend ausgeschöpft, mittlerweile arbeiten 39.000 Beschäftigte bei 4.500 Groupements d'employeurs. In Deutschland war der AGZ Spreewald der erste Verbund, der erfolgreich kooperatives Personalmanagement und Ausbildung praktiziert. Das Büro tamen tourt mit Vorträgen zum Pilotprojekt über Land, bietet Beratung an und hat eine Infothek zum Thema aufgebaut. Nachahmer gibt es unter anderem in Jena, Erfurt, Schwedt und Soest. (tv)

↗ AGZ SpreewaldForum GmbH: www.spreewaldforum.com
↗ tamen. Entwicklungsbüro Arbeit und Umwelt GmbH: www.tamen.de
↗ Infos zu Arbeitgeberzusammenschlüssen : www.arbeitgeberzusammenschluesse.de

EINE SCHULE GRÜNDEN.

ZUM BEISPIEL WALLMOW

ZUCKERMARK E. V., BRANDENBURG

Das Dorf Wallmow im Landkreis Uckermark war um 1990 ein Ort mit etwa 300 Einwohnern, einer alternden Bevölkerung und einigen leer stehenden Gebäuden. Anfang der 1990er Jahre zogen die ersten Neu-Wallmower zu. Meist waren es Menschen, die bewusst auf's Land ziehen, um Freiräume zu nutzen und Ideen zu verwirklichen. „Träumen" sagt man in Wallmow gern. In Wallmow träumte man mit konkreten Folgen. Die Zugezogenen brachten ihre Kinder mit auf's Land, neue Kinder wurden geboren und die Idee entstand, eine Freie Schule direkt im Ort zu gründen, in der die Kinder nach den eigenen Vorstellungen einer alternativen Pädagogik unterrichtet werden könnten. Im Jahr 1995 gründete sich der Verein Zuckermark e. V. und machte sich auf die Suche nach Lehrern, die geeignet erschienen. Einer der Lehrer in spe – Michael Pommerening – wirkte wesentlich an dem pädagogischen Konzept für „nachhaltiges Lernen" mit. Dann stellte der Verein beim Brandenburger Schulamt einen Antrag auf Genehmigung. Nach Artikel 7, Absatz 4 des Grundgesetzes ist die Gründung von Freien Schulen ausdrücklich erlaubt – sie zählt seit der Erfahrung von Gleichschaltung der Bildung in der NS-Zeit sogar zu den Menschenrechten. Bei der Gründung von Grundschulen muss jedoch nachgewiesen werden, dass die neue Lehreinrichtung ein besonderes pädagogisches Interesse erfüllt, das sich deutlich vom Angebot anderer Schulen in der Umgebung unterscheidet. Liegt dieses vor, wird eine Genehmigung nach der Ersatzschulverordnung erteilt und jedes schulpflichtige Kind kann „ersatzweise" den Unterricht der Freien Schule besuchen. Freie Schulen haben sich wie staatliche Schulen an die Rahmenlehrpläne des jeweiligen Bundeslandes zu halten. Das heißt: Die Art und Weise der Vermittlung bleibt der Schule überlassen. Bis zum Abschluss der Schule müssen jedoch dieselben Lehrinhalte vermittelt werden wie in den staatlichen Schulen. In allen Grundschulen Brandenburgs werden daher am Ende der sechsten Klassen zwei standardisierte Vergleichsarbeiten geschrieben. Weil die Freie Schule einen anerkannten Bildungsauftrag erfüllt, erhält sie Sach- und Personalkosten durch das Bundesland – allerdings liegen diese niedriger als die Zuwendungen, die staatliche Schulen bekommen. In Brandenburg werden insgesamt etwa 60 Prozent der Unterstützungen gewährt, die staatliche Schulen erhalten. Die entstehenden Deckungslücken gleichen die Freien Schulen durch Schulgelder aus.

Für die Wallmower Dorfschule gab die Schulbehörde 1999 grünes Licht. Der Verein mietete das Obergeschoss eines alten Bauernhauses und richtete zwei Unterrichtsräume ein. Seither werden in Wallmow pro Schuljahr rund 35 Kinder zwischen sechs und zwölf Jahren nach reformpädagogischen Ideen unterrichtet. Das Schulgeld beträgt in Abhängigkeit von Einkommen und Haushaltsgröße monatlich zwischen 74 und 150 Euro – Lehrmittel, Hefte und Kosten für Klassenfahrten sind darin enthalten. Die Kinder lernen in zwei großen Gruppen gemischten Alters. Dabei lernen jeweils die Schüler der ersten bis dritten und der vierten bis sechsten Klasse gemeinsam. Es gibt sowohl Frontalunterricht als auch Zeiten für „Freiarbeit", in denen sich die Kinder selbst beschäftigen. Die Idee ist, soweit als möglich den eigenen Lernwillen der Kinder anzuregen, anstatt ihnen etwas zu verordnen. Allerdings achten die Lehrer darauf, ob einzelne Kinder mit den Reform-Lehrmethoden überfordert sind und gehen auf diese im Speziellen ein.

Die Dorfschule Wallmow entwickelt sich seit mittlerweile zehn Jahren. Inzwischen hat der Verein das Schulhaus gekauft, es ausgebaut und einen Garten angelegt. Acht Lehrer und Betreuer sind im Einsatz. Es gibt zahlreiche Angebote jenseits des Grundunterrichts wie Fußball, Judo und einen Zirkus. Als weiteres Projekt des Vereins wurde im Jahr 2006 eine Jugendkunstschule gegründet, die Kurse für Tanz, Hörspiel und Fotografie anbietet.

Die Wallmower Bildungsprojekte sind erfolgreich und haben weitere Zuzügler angezogen. 55 erwachsene Neubewohner sind nach Wallmow gekommen, die mehr als 70 Kinder haben. Handwerksbetriebe sind entstanden, Theaterprojekte, Literaturveranstaltungen, Bands und ein Posaunenchor. Wallmow ist bekannt geworden als ein belebter Ort mit kulturellen Qualitäten. Allerdings war mit dem Mikrokosmos des Neu-Wallmower Kulturlebens eine Insel auf dem platten Land entstanden. Die Alt-Wallmower und die Neu-Wallmower pflegten lange Zeit kaum Kontakte miteinander. Auch die Bewohner der Dörfer in der Umgebung, die schon vor 1990 hier wohnten, hielten Distanz zur neuen Wallmower Dorfkultur. Bis vor einigen Jahren besuchte nicht ein einziges Kind einer „eingesessenen" Familie die Freie Schule. Und auch die Kinder aus den Nachbardörfern fuhren lieber viele Kilometer mit dem Schulbus, als sich dort anzumelden.

Neuerdings kommt es zu Berührungen der zwei Welten. Anlässe waren gemeinsame Anliegen. Von einem See, den die „Neuen" und die „Alten" wieder als Badesee nutzbar machten, profitieren alle Bewohner des Dorfes. Als im Jahr 2009 dem ehemaligen Konsum — als einzigem Lebensmittelladen am Ort — die Pleite drohte, begannen die Neuen aus Solidarität dort häufiger und in größeren Mengen als früher einzukaufen. Eine Bio-Bäuerin bot an einem Tag pro Woche vor dem Laden Obst und Gemüse feil, um gemeinsam eine breitere Angebots-palette zu gestalten. Nach fast 20 Jahren finden die Alten und die Neuen zu einem selbstverständlichen Umgang miteinander. Schließlich meldete sich die erste Schülerin einer „alten" Familie in der Dorfschule an. Das Beispiel Wallmow zeigt, dass Freie Schulen in ländlichen Regionen ein wichtiger Magnet sein können. Wo sich ausreichend Engagierte finden, kann der Traum von der Schule im Dorf wahr werden. Gute und erreich-bare Schulen können ausschlaggebende Faktoren sein, die über Kommen oder Gehen entscheiden. Gerade in ländlichen Gebieten, in denen Bildungsangebote abgebaut werden, spielt dieser Faktor eine umso entscheidendere Rolle. Dennoch können Freie Schulen nicht im großen Stil die Lücken füllen, die durch Schulschließungen entstehen. Da Freie Schulen — qua Definition — ein sehr spezielles Bildungsangebot unterbrei-ten müssen, ist es zwar möglich, reformpädagogische Einrichtungen aller Art zu gründen. Niemals aber können Elterninitiativen etwa eine „einfache" Grundschule vor der Haustür in freier Trägerschaft eröffnen, mit dem Argument, dass die Kinder dann einen kürzeren Schulweg hätten. Seitdem Schließungen staatlicher Schulen wegen rückläufiger Schülerzahlen auf der Tagesordnung stehen, kam es zu Spannungen zwischen den Schulbehörden der Länder und den Trägern Freier Schulen. Die Genehmigungspraxis wurde rigider. Ein Grund ist, dass die Behörden befürchten, durch die Gründung von Freien Schulen entzögen sich die Bürger auf einem Umweg den Sparmaßnahmen. Wenn Bürger in freier Trägerschaft Schulen gegründet haben, kann das Bundesland diese nicht schließen – muss sie jedoch bezuschussen. Ein weiterer Grund ist, dass die Schulbehörden schlicht die Konkurrenz durch die Freien Schulen fürchten. Allerdings ist diese in der Praxis marginal. Es handelt sich bislang – tatsächlich – um ein Ergänzungsangebot. Derzeit besuchen im Land Brandenburg nur knapp fünf Prozent der Schüler Schulen in freier Trägerschaft – eine davon ist die Dorfschule Wallmow. (tv)

↗ Zuckermark e. V.: www.zuckermark.de
↗ Arbeitsgemeinschaft Freier Schulen Brandenburg: www.freie-schulen-brandenburg.de
↗ AGFS BundesArbeitsGemeinschaft Freier Schulen: www.agfs.org

KULTUR

EINEN WEINBERG ANLEGEN.

ZUM BEISPIEL BARUTH

INSTITUT ZUR ENTWICKLUNG DES LÄNDLICHEN KULTURRAUMS E. V., BRANDENBURG

Was bedeutet „Kulturarbeit" im ländlichen Raum? Geht es darum, Künstler von der Stadt auf's Land zu bringen? Ausstellungen zu eröffnen? Kunstereignisse zu organisieren? Oder heißt Kulturarbeit, seine Umgebung wahrzunehmen? Sie als Kulturlandschaft zu begreifen und zu formen? Und welche Rolle spielt all das für die Entwicklung des ländlichen Raums?

Weder die Fragen noch die Antworten, die das Institut in Baruth stellt, sind in wenigen Worten zu erklären. Ganz anders ist es, wenn man eines seiner zentralen Projekte besichtigt, den Baruther Weinberg. Wer auf dem Weinberg steht, begreift worum es geht. Notfalls auch ohne Worte.

In den späten 1990er Jahren zogen die ersten Akteure, die heute das Institut bilden, nach Baruth und gründeten den Kunstverein Alte Schule Baruth. Baruth liegt 56 Kilometer südlich von Berlin, nur wenige Kilometer jenseits des großstädtischen Speckgürtels. Es verfügt über holzverarbeitende Industrie, eine Mineralwasserabfüllung und Agrarwirtschaft, eine leidlich intakte Infrastruktur von Versorgungseinrichtungen – Schule und Kindergarten, Einkaufsmöglichkeiten, eine Bankfiliale und eine Post. Darüber hinaus gibt es einen Bahnhof mit einem stündlichen Anschluss nach Berlin und eine nah gelegene Autobahnauffahrt. All diese Lagevorteile prädestinieren den Ort zum klassischen Anziehungspunkt urbaner Zuzügler und Pendler aller Art. Einige kamen. Ein Pfarrer aus Berlin, ein Architekt und einige Kunstschaffende. Dennoch wirkte Baruth, dessen Einwohnerzahl seit Jahren mit 4.300 Einwohnern weder sinkt noch steigt, unwirtlich auf den ersten Blick. Es mochte die Lage des Ortes an der Durchgangsstraße sein oder die Kriegsschäden oder dass es in einer waldigen Umgebung liegt, ohne dass zwischen Umland und Stadt jedoch viele Wegeverbindungen existierten. Einige Mitglieder des Kunstvereins begannen sich Fragen nach der Kulturlandschaft zu stellen. Welche Beziehungen bestehen zwischen Stadt, Natur- und Agrarlandschaft? Welche Geschichte hat diesen Ort und seine Umgebung geformt? Sie gingen noch einen Schritt weiter und fragten: Wie kann man den Kulturraum gestalten? Und was bedeutet das für die Entwicklung einer ländlichen Region? Niemand zweifelt am Einfluss von Infrastruktur, Produktion oder Absatzmärkten. Die Pflege einer Kulturlandschaft aber gilt kaum mehr als das Polieren eines Rahmens. Während des Themenjahrs „Landschaft und Gärten" der Initiative Kulturland Brandenburg organisierte der Verein eine ganzjährige Kulturveranstaltung. Unter dem Titel „Schöner Ort Nirgendwo" begannen sie in und um Baruth Räume zu gestalten. Im Lennépark wurden Brücken neu angelegt, es wurden Obstbäume gepflanzt. Im Jahr 2004 gründeten vier Mitglieder des Kunstvereins und einige neue Mitstreiter – Geografen, Landschaftsarchitekten und Planer, Pädagogen, Kulturwissenschaftler und Künstler, manche freischaffend, andere Dozenten – den Verein Institut zur Entwicklung des ländlichen KulturRaums e. V. (I-KU). Ein wichtiger Grundsatz war, Theorie und Praxis zusammen zu bringen. „Baruth, Teil einer Metropolenregion und ländlicher Mikrokosmos, kann als Labor verstanden werden", sagt Karsten Wittke, freischaffender Künstler und Vereinsvorsitzender. Was in Baruth ausprobiert wird, kann für Wissenschaftler Erkenntnisse bringen. Umgekehrt beziehen die Akteure vor Ort aus der Forschung Hintergrundwissen für ihre praktische Arbeit. Historische Karten zum Beispiel oder Studien über den Klimawandel und seinen Einfluss auf die Agrarwirtschaft. Ein weiterer Grundsatz war, vor Ort und im Verbund mit lokalen Akteuren zu handeln. „Wer täglich im örtlichen Supermarkt einkaufen geht, wird niemals abgehobene, unverständliche Projekte machen", sagt Wittke. „Denn er bekommt auf alles, was er tut, unmittelbare Resonanz. Er muss erklären können, was er da tut und warum er es tut. In einfachen Worten." So kam es, dass eines der zentralen Projekte des Instituts überaus bodenständig ist. Überlieferungen war zu entnehmen, dass der Weinbau seit einer Warmphase im Mittelalter in Brandenburg weit verbreitet war – bis Anfang des 20. Jahrhunderts Fröste und Mehltau ihn zunichte machten. Auf alten Karten war in Baruth ein Weinberg eingezeichnet, das Ortswappen zeigte bis vor einigen Jahren einen Rebstock. Die Zuzügler knüpften an die Tradition an, verglichen die klimatischen Bedingungen von heute mit denen von damals und begannen im Jahr 2006 wieder einen Weinberg anzulegen. Wenn ein „Neubauer" einen Weinberg aufrebt, gibt er seiner Umgebung ein paar einfache Fragen auf: Werden diese Pflanzen hier tatsächlich gedeihen? Werden die Städter das packen? Werden sie am Ball bleiben oder aufgeben, wenn sich die ersten Widrigkeiten einstellen? Wittke sagt, in dieser Zeit hätten die Alt- und die Neu-Baruther vieles begriffen. Die Neu-Baruther begriffen, was Landwirtschaft für einen Ort wie Baruth bedeutet. Wie wichtig die Beschaffenheit der Böden ist und wie existenziell Gedeih und Verderb vom Wetter abhängen. Seit sie sich mit den Bauern darüber unterhielten, ob in den kommenden Wochen noch mit Regen zu rechnen sei, fühlten sie sich ernst genommen. Und die Alt-Baruther – deren Familien meist selbst erst nach dem Zweiten Weltkrieg nach Baruth gezogen waren – begriffen, dass die Neu-Baruther es ernst meinten. Während einer langen Trockenheit im Jahr 2008 fuhren die ansässigen Landwirte Wasser auf den Weinberg, damit die Rebstöcke nicht verdorrten. Im Jahr 2009 wurde die erste Ernte eingebracht. Im Jahr 2010 gab es den ersten Wein.

Zur Ernte wird nun ein Weinfest ausgerichtet, zu dem Ansässige und Gäste von überallher kommen. Alte und Junge kommen, die Bauern, der Bürgermeister, der Apotheker und der Steuerberater, und sie müssen zugeben, dass es so etwas, solange sie denken können, hier noch nicht gab. Wer beim Weinfest an einem der langen Tische im Freien sitzt, um sich herum ein Bild, das für Brandenburg viel zu sanft und idyllisch wirkt – und sich klar macht, dass es vor Jahrhunderten hier schon einmal so aussah – der begreift eine Menge über die Bedeutung einer Kultur-landschaft.

Erträge werden über den Verkauf des Weins bislang noch nicht erwirtschaftet. Etwa 50 Flaschen gab es aus der ersten Ernte. An ihren Verkauf, sowohl an Bürger der Stadt Baruth wie auch an Auswärtige, waren Patenschaften für Rebstöcke gekoppelt. 50 Euro kostete eine Flasche samt Patenschaft für ein Jahr. Das Rathaus übernahm gleich mehrere davon. Langfristig wollen die Baruther den Weinberg erweitern und mit seinem Ertrag weitere Kulturprojekte finanzieren. Eine Straße zum Weinberg bekam den Namen „Weinbergweg".

Wer all das gesehen hat, versteht, was Karsten Wittke mit dem Wort „Kulturarbeit" meint. Es geht nicht nur um einen Weinberg, es geht auch um das Gespräch. Das Gespräch am Ort, den Dialog zwischen Zuzüglern und Ansässigen, die Rückkopplung zwischen Praxis und Forschung, den Austausch zwischen den Baruthern und anderen Akteuren in Brandenburg, die sich mit Kulturarbeit und Landschaftsräumen befassen. Unter dem Namen „Raumumordnung (RUO)" vernetzen sich Brandenburger Projekte mit dieser Mission. In regelmäßigen Abständen lädt der Verein zu den „Baruther Gesprächen" ein.

„Wir begreifen uns nicht als ‚Modell'", sagt Wittke. „Ein Modell wäre etwas Abgeschlossenes, das man übernehmen kann." Es handelt sich eher um einen Langzeitversuch. Die bisherigen Ergebnisse legen nahe, dass Kulturarbeit – in diesem weiten Sinne – tatsächlich einen starken Einfluss auf die Entwicklung ländlicher Räume hat. Nicht im Sinne eines „Pull Faktors", der sprunghaften Zuzug oder rasantes Wachstum bewirkt. Eher im Sinne einer Tröpfcheninfusion, die sehr langsam die Lebensqualität eines Ortes hebt. (tv)

↗ Institut zur Entwicklung des ländlichen KulturRaums e. V.: www.i-ku.net

ZIVILCOURAGE ZEIGEN.

MOBILES BERATUNGSTEAM TOLERANTES BRANDENBURG

Die Geschichte des Mobilen Beratungsteams in Brandenburg begann im Jahr 1998. In den 1990er Jahren hatten mehrere rechtsradikale Übergriffe und Aufmärsche das Bundesland in die Medien gebracht. Nachdem die Ersten prophezeiten, „die Rechten" würden die ländlichen Regionen Brandenburgs übernehmen, in denen politische und zivile Strukturen erodieren, und nachdem sich die Angst vor solchen Szenarien immer deutlicher artikulierte, beschloss die Landesregierung Brandenburg zu handeln. Aber „Handeln" ist leicht gesagt, wenn es um ein Flächenland geht – mit zahlreichen Mikrokosmen ländlicher Gesellschaften – und man nicht weiß, wo man ansetzen soll. Die Idee lag nahe, ein mobiles Tool einzusetzen. Ein bewegliches Beratungsteam mit zunächst fünf, später sechs Fixpunkten in Brandenburg, von denen aus die Akteure ausschwärmten. Der Auftrag lautete: Lokale Eliten, Institutionen und Gemeinschaften zu beraten, um die Zivilgesellschaft zu stärken und die kritische Auseinandersetzung mit dem Rechtsextremismus anzuregen. Wie aber sollte man beginnen? Würde nicht der, der sich in Sachen Toleranz beraten ließe, selbst in Verdacht geraten? Bewohner Brandenburgs hatten in den 1990er Jahren nicht nur Erfahrungen mit trommelnden Neonazis gemacht, sondern auch mit städtischen Zuzüglern, die sie pauschal als braun und rückständig verdächtigten und sich selbst als Boten einer überlegenen Zivilisation begriffen. Nicht nur Stillschweigen und Wegsehen waren Probleme in diesen ländlichen Gemeinden, sondern auch Scham und das Gefühl, selbst ausgegrenzt zu sein. Man betrat vermintes Terrain.

Das Mobile Beratungsteam in Brandenburg handelte von Beginn an nach dem Grundsatz, nicht zu belehren, sondern zu unterstützen, gewissermaßen Hilfe zur Selbsthilfe zu leisten. Als Jürgen Lorenz vom

Büro in Angermünde mit seiner Arbeit begann, verbrachten seine Kollegin und er ein Jahr damit, sich mit den lokalen Strukturen und Akteuren vertraut zu machen. „Wir klapperten die Landräte, die Bürgermeister, Ortsvorsteher, Polizeireviere und die Freiwilligen Feuerwehren ab", sagt Lorenz. „Wer aus der Stadt auf's Land kommt, um dort in irgendeiner Weise zu gestalten und einzugreifen, muss sich die Mühe machen, Orte und Menschen zu verstehen. Er muss sich mit geschichtlichen und kulturellen Hintergründen befassen und begreifen, auf welche Weise man sich mit wem verständigen kann." Sie erklärten jedem einzelnen, dass man sich an sie wenden könne, falls man Probleme mit Rechtsextremen hätte. Oder falls man selbst – als Verein, als Gemeinde, Schule, Eltern oder als Betrieb – für Toleranz eintreten wolle. Ziel war, jegliche Initiative zu unterstützen, deren Anliegen es war, Selbstverantwortung zu übernehmen. In den letzten zehn Jahren hat das Mobile Beratungsteam mit seinen mittlerweile sechs Büros in Frankfurt/Oder, Cottbus, Angermünde, Potsdam, Neuruppin und Trebbin mit je zwei Mitarbeitern einen hohen Grad an lokaler Sozialkompetenz erlangt. Die Mitarbeiter werden zum Beispiel von Ausbildungseinrichtungen, Sozialarbeitern, Verwaltungen oder Politikern hinzugezogen, wenn es darum geht, Wissen über subkulturelle Codes rechtsextremer Szenen zu erlangen. Sie werden gerufen, wenn es zu Übergriffen gekommen ist. Oder wie im Fall Templins zu einem Mord. Sie besprechen in solchen Fällen mit den Ansässigen nicht nur, wie es zu solch einer Katastrophe kommen konnte, sondern auch, wie man nach einem solchen Ereignis weiterlebt. Wie man für eine lebenswerte Umwelt und für die Gestaltung des Gemeinwesens Verantwortung übernimmt. In Templin wurde mit Ansässigen eine Sozialraumanalyse durchgeführt. Ergebnisse waren Bürgergespräche zur Verbesserung der Kommunikation zwischen Verwaltung, Politik und Bewohnern; es wurde eine koordinierende Stelle für Jugendarbeit eingerichtet, ein Jugendparlament wird gerade aufgebaut.

Wenn die Arbeit Früchte trägt, ist es der Verdienst von Partnern. Die lokalen Akteure sind daran ebenso beteiligt wie ihre Coachs vom Mobilen Beratungsteam, die nur soweit wie gewünscht Hilfe leisten.

Einen beachtlichen Erfolg hatten Coachs und Bürger zum Beispiel in Frankfurt/Oder. Dort einigten sich die Belegschaften dreier Betriebe auf eine Betriebsvereinbarung, die alle Beschäftigten, Auszubildenden, Leiharbeiter und Subunternehmer dazu verpflichtet, gegen Diskriminierung und für Gleichbehandlung einzutreten. Fremdenfeindlichkeit ist ein Kündigungsgrund. Die Geschäftsführung und Belegschaften der SLB Stahlbau GmbH, der SLB Fenster Spezialprofilbau und der Feuerverzinkerei Voigt & Müller GmbH handelten ausdrücklich, um als Firmen in der Öffentlichkeit ein Signal zu geben. Im – nicht reibungslosen – Prozess der Auseinandersetzung um die Vereinbarung wurden sich die Beteiligten darüber bewusst, dass ein selbstbewusstes Auftreten mit einem klaren Statement gegen Fremdenfeindlichkeit einen positiven Effekt auf das Prestige der Unternehmen haben würde. Diese Einschätzung bestätigte sich.

In Lorenz' Augen ist das Beispiel der Betriebsvereinbarung gegen Fremdenfeindlichkeit ein Beispiel für ein Signal, das die Familiengespräche einer Stadt erreicht. „Indem zum Beispiel ein Elternteil am Küchentisch seinem Kind sagt: ,Wenn du dich beim Stahlbau um eine Lehrstelle bewerben willst und da mit deinem Nazi-Outfit antanzt, wird das nicht funktionieren.'"

Trotz solcher Erfolge darf nicht übersehen werden, dass Auflösungsprozesse zivilgesellschaftlicher Strukturen in ländlichen Regionen eine Gefahr darstellen, der allein durch die Stärkung von Zivilcourage nicht beizukommen ist. Wo das Schulhaus geschlossen wird, der Dorfladen aufgibt, die Kirchengemeinde ausdünnt und die Freiwillige Feuerwehr nicht mehr zu halten ist, fallen soziale Strukturen brach und geben Raum für rechtsextreme Gemeinschaftsangebote. Hilfe zur Zivilcourage und Förderung von Selbstverantwortung sind erfolgreiche Ansätze einer Gemeinwesenberatung, aber sie können kein Gemeinwesen retten. (tv)

↗ demos – Brandenburgisches Institut für Gemeinwesenberatung: www.mobiles-beratungsteam.de
↗ Broschüre Betriebe für Gleichbehandlung und gegen Diskriminierung:
www.gemeinwesenberatung-demos.de/Portals/24/media/UserDocs/publikationen-eigene/Betriebe-f-gleichb.pdf

KULTUR-
RAUMFORMUNG

Exemplarisch für Brandenburg wurde ein Gespräch geführt über das Verhältnis zwischen Metropole und ländlichem Raum, Zugezogenen und Ansässigen, aber auch über die Gefahr des staatlichen Rückzugs aus dünn besiedelten Räumen. Teilnehmer des Gesprächs im September 2010 waren Karsten Wittke, Gründungsmitglied des Instituts zur Entwicklung des ländlichen KulturRaums e. V. (I-KU) in Baruth und Jürgen Lorenz, Mitarbeiter des Mobilen Beratungsteams in Angermünde. Die Moderation übernahmen Philipp Oswalt und Stefan Rettich.

Seit 2004 arbeiten Künstler und Wissenschaftler des I-KU interdisziplinär an der kulturellen Entwicklung des ländlichen Raums. Herr Wittke, wie kommt ein Großstädter dazu, in einem brandenburgischen Städtchen ein Institut zur Entwicklung des ländlichen Kulturraums zu gründen?

KARSTEN WITTKE   Ich arbeite als Künstler und bin sehr viel unterwegs. Wir – meine Frau und ich – kamen, sahen und sind geblieben. Unabhängig von uns sind noch andere Akteure auf Baruth aufmerksam geworden, denn die kleine Gemeinde verfügt über verschiedene landschaftliche Attraktionen. Wir haben uns nach einer gewissen Zeit gefunden und bauten eine alte Schule als Werkstatt um. Die Idee zum Institut entwickelte sich dann im Laufe der Zeit. Wir fingen an, uns vermehrt Fragen zum kulturellen Raum auf dem Land zu stellen. Zum Beispiel was eine Kulturlandschaft bedeutet, wenn zunehmend von Entleerung dieser Räume gesprochen wird. Oder welchen ideellen und ökonomischen Beitrag Kultur zur Regionalentwicklung leisten kann. Die Gruppe um uns erweiterte sich interdisziplinär. 2004 gründeten wir dann das I-KU mit dem Ziel, diesen Diskurs in Verbindung mit praktischen Umsetzungen vor Ort weiterzuführen.

Sind diese Entwicklungen ausschließlich von den Zugezogenen abhängig? Wie ist die Beteiligung der Ortsansässigen?

KARSTEN WITTKE   Unser Institut funktioniert nur in lokaler Vernetzung. Wir sind kein „Raumschiff".

Das I-KU selbst jedoch hat nur zehn Mitglieder. Wir sind bewusst klein geblieben, weil wir erst einmal eruieren wollten, wie unsere Idee der Kulturarbeit überhaupt funktionieren kann. Darüber hinaus haben wir politische Unterstützung durch einen sehr interessierten Bürgermeister erhalten. Er fördert Kultur und nicht nur den Sportverein. Geld auch in Kulturarbeit oder Kunstausstellungen zu investieren, muss im Gemeinderat erst einmal akzeptiert werden. Dazu müssen Argumente geliefert und vertreten werden, die eine Investition rechtfertigen. Ohne politische Unterstützung ist das kaum möglich, und unsere Arbeit ist auf die lokale Politik angewiesen.

Waren für Ihre Anliegen und die lokale Arbeit die sogenannten „Baruther Gespräche", also die öffentlichen Tagungen über ländliche Kulturraumentwicklung, hilfreich?

KARSTEN WITTKE   Sehr. Die öffentlichen Gespräche sind ja Teil der Kulturarbeit, die wir leisten. Sie tragen zu einem gemeinsamen Austausch unterschiedlicher Akteure bei und erzeugen Aufmerksamkeit, auch von außen. Fachleute aus den Bereichen Kulturwissenschaft, Architekturgeschichte, Landschaftsplanung, Geowissenschaften, Soziologie und Kunst diskutieren mit den Bürgern die Entwicklungen der letzten Jahre und zeigen mögliche Perspektiven und kreative Handlungsmodelle auf. Im Unterschied zum ersten Baruther Gespräch, wo es vor allem um eine Perspektivverschiebung von der Stadt aufs Land im Kontext künstlerischer Projekte ging, reflektierte die zweite Veranstaltung kulturelle Wertschöpfungsprozesse. Als Modellfall dient immer die brandenburgische Kleinstadt Baruth, und das steigert das lokale Selbstverständnis. Denn die kleinen Städte haben oft einen Minderwertigkeitskomplex gegenüber größeren Städten, die die gesamte Aufmerksamkeit auf sich ziehen. Dabei hat der ländliche Raum spannende Projekte und interessante

Bewohner zu bieten. Veranstaltungen wie die Baruther Gespräche sind wichtig, um den Blick auf den ländlichen Kulturraum zu öffnen.

Sie selbst aber sind berufsbedingt weiterhin viel unterwegs. Was also hat Sie als Berliner bewogen, nun nach Baruth zu ziehen?

KARSTEN WITTKE   Ursprünglich zwei Gründe. Zum einen ist uns die Berliner Innenstadt auf den Wecker gegangen. Wir haben Kinder. Zum anderen bewegen sich immer mehr Berliner langsam in das nahe Umland und nicht nur an den Stadtrand. Baruth liegt circa 56 Kilometer von Berlin entfernt. Es ist dort draußen preiswerter, man hat mehr Land und größere Räume zum Arbeiten. Das ist auch Motor für andere.
Ich arbeite als Freiberufler überall in Deutschland oder via Internet. Die Arbeitsstrukturen verändern sich. Das ist oder wird auch ein Vorteil für Städte wie Baruth. Viele Menschen beginnen zu überlegen, wo und wie sie wirklich leben wollen. Und wenn die soziale und kulturelle Umgebung in diesen Orten stimmt, kann man sich auch bewusst gegen die Großstadt entscheiden.

Sprechen wir einmal über Situationen und Gefährdungen in ländlichen Räumen, in denen die staatlichen und zivilgesell-schaftlichen Strukturen kaum vorhanden oder rückläufig sind. Herr Lorenz, seit 1998 arbeitet das Mobile Beratungsteam im Auftrag der Landesregierung Brandenburg in Regionen und Kommunen, um lokale Demokratie zu stärken und rechtsextreme Entwicklungen zu verhindern. Wenn Sie gerufen werden, wo setzen Sie mit Ihrer Arbeit an, besonders wenn es vor Ort keine Gemeinwesenstrukturen mehr gibt?

JÜRGEN LORENZ   In diese abgelegenen strukturschwachen Räume werden wir leider kaum oder erst spät gerufen. Ein Beispiel: In Potzlow, einer sehr ländlichen Gemeinde mit circa 600 Einwoh-nern in der Uckermark, gab es 2002 unter Jugendlichen einen grausamen Mord mit rechtsextremem Hintergrund. Der Fall ist Ihnen eventuell über den Film „Der Kick" von Andres Veiel bekannt. Wir wurden nach dem Mord informiert und trafen auf eine große Hilflosigkeit des Bürgermeisters und Sozialarbeiters.

Aber auch der Eltern. Denn viele Jugendliche hatten von dem Mord gewusst, es aber zu Hause nicht erzählt. Psychologische Hilfe wurde benötigt, die wir dann vor Ort organisiert haben. Wir begleiteten die Potzlower daraufhin ein Jahr lang und haben mit ihnen versucht, an weitergehenden Fragestellungen zu arbeiten. Etwa: „Wie wollen wir zukünftig miteinander leben? Wie wollen wir das Leben gestalten? Was ist uns wichtig?" Die psychischen Anspannungen wurden gemildert, aber vielmehr ist leider nicht passiert.

In einer Kleinstadt hingegen gibt es eine andere Dynamik und oftmals nachhaltigere Ergebnisse als in einem so struktur-schwachen ländlichen Raum. Es gibt andere Akteure. Deshalb müssen Stadt und ländlicher Raum sich in ihrer Entwicklung stützen, beispielsweise über die Gründung von Initiativen.

Wird mit dem Rückzug des Staates aus den gesellschaftlichen Verantwortungsbereichen gerade in diesen ländlichen Schrumpfregionen derartigen gewalttätigen Auswüchsen auch noch Vorschub geleistet?

JÜRGEN LORENZ   Ja, im ländlichen Raum haben wir sehr wohl das Problem, dass sich die demokratischen Parteien dem Problem zu wenig stellen. Gewählte Abgeordnete gehen kaum mehr in die Problemzonen. Dadurch fällt es der NPD und den Freien Kameradschaften leichter, ihre Inhalte zu transportieren. Zum Beispiel bei einfachen Ereignissen wie dem Lagerfeuer unter Jugendlichen. Am Lagerfeuer stärkt man durch Singen das Gefühl von Kameradschaft und Solidarität. Der Rückzug der etablierten Parteien aus diesen Räumen ist durchaus ein Mangel, der offen angesprochen werden muss! Wenn der Bürgermeister und die öffentliche Meinung sich allerdings klar positionieren, scheitert die NPD mit ihren Versuchen meist kläglich. Wie zum Beispiel in der Kleinstadt Storkow, wo die NPD einmal versucht hatte, ein Fußballfest zu organisieren.

Warum gibt es diese Rückzugstendenzen? Und warum konzentrieren Sie das so sehr auf Parteiorganisationen, warum nicht auf andere, zivilgesellschaftliche Strukturen?

JÜRGEN LORENZ   Natürlich könnte man sich auch die Unterstützung anderer Gruppierungen vorstellen. Wir haben aber in dünn besiedelten Räumen zum Beispiel kaum noch Kirchengemeinden. Wir haben kaum noch Schulen im Dorf und damit Lehrer, die dort arbeiten, leben und als Respektspersonen wahrgenommen werden. Der Status der Bürgermeister hat sich verändert. Es sind jetzt Ortsvorsteher. Und der Titel hat hier durchaus Bedeutung. Es geht hauptsächlich um Verwalten, weniger um Gestalten. Das Wenige, was noch vor Ort entschieden werden kann, ist zugespitzt formuliert: „Wann gehen die Laternen an und wieder aus?" Oder: „Wie bekommen wir das Gemeindehaus noch einigermaßen beheizt?" Es geht nur noch darum, die wenigen Mittel so einzusetzen, dass der größere Teil der Bevölkerung halbwegs zufrieden ist.

Die Entwicklung im ländlichen Raum ist ja, dass es einen Rückzug der „Eliten" gibt und dass sich die „Anderen" bedeckt halten. Und davon ist auch die Kinder- und Jugendarbeit betroffen. Kinder- und Jugendpolitik war zu DDR-Zeiten Aufgabe des Staates und wurde auch vor Ort umgesetzt. Nehmen Sie heute an Gemeindevertretersitzungen teil und unterhalten sich mit den Verantwortlichen über die kommunalen Aufgaben, dann gehört deren Meinung nach die Kinder- und Jugendarbeit auf keinen Fall dazu. Diese Aufgabe wird gerne wegdelegiert, in die Kreisstadt, Landes- oder letztendlich in die Bundeshauptstadt. Es fehlt das Erkennen von kommunaler Verantwortung. Ein solcher Rückzug aus der Kinder- und Jugendpolitik öffnet Einfallstore für rechtsextreme Strukturen, die in diesem Bereich zunehmend spürbar werden.

Gibt es auch Rechtsextremismus in der Region um Baruth?

KARSTEN WITTKE   Ja. In der Stadt Zossen, 20 Kilometer nördlich von Baruth, wurde das „Haus der Demokratie" durch einen Brandanschlag 2010 zerstört. Der Höhepunkt in einer ganzen Reihe von Drohungen und Attacken gegen die Bürgerinitiative

Zossen zeigt Gesicht, die sich 2009 gegründet hatte, nachdem Neonazis unter anderem eine Gedenkkundgebung für
Zossener Juden störten. Diese Entwicklung führte aber nicht zur
Resignation, sondern hat noch mehr Menschen vor Ort und
über die Grenzen hinaus bewegt, die Initiative zu unterstützen.
Ein neues Domizil wude bereits gefunden, neue Partnerschaften
mit Personen und Institutionen geknüpft und ein Programm
zur Umsetzung aufgestellt. Ein starkes Gemeinwesen ist ausschlag-
gebend für Präventionen gegen neovölkisches Gedankengut.
Baruth selbst hat eine großartige Kirchengemeinde, die gemeinsam mit Kindern und Jugendlichen arbeitet. Der Sportverein
und die Feuerwehr sind ebenfalls sehr aktiv. Hier wird darüber
gesprochen, welche Auswirkungen Rechtsextremismus hat.
Aber es erreicht eben nicht alle. Und viele schauen einfach weg.

JÜRGEN LORENZ   Richtig. Deshalb wissen wir auch das Handlungs-
konzept „Tolerantes Brandenburg" der Landesregierung zu
schätzen. Denn in anderen Bundesländern versuchen Initiativen
gerade ähnliche Strukturen aufzubauen, sind aber vom „Geld-
hahn des Bundes" abhängig. Jedes Jahr stehen ihre Arbeitsplätze
auf der Kippe. Natürlich sind wir genauso durch mögliche Haus-
haltssperren gefährdet, aber wir arbeiten bereits seit 12 Jahren.
Ich möchte Ihnen noch ein positives Bild aus unserer Arbeit
mitgeben:
Wir kennen in der Uckermark eine Gemeindebürgermeisterin,
die sagt: „Fast jeder Ort hat eine Feuerwehr. Wir bauen jetzt
eine Jugendfeuerwehr für unsere Gemeinde auf. Nicht nur, weil
wir Nachwuchs für die Feuerwehr wollen, sondern weil der
Jugendfeuerwehrwart und seine Kollegen mit den Jugendlichen
gemeinsam an Themen wie Demokratie, Heimat und Vertrauen
arbeiten sollen."
Wir treffen in all unseren Arbeitsfeldern immer wieder auf
Menschen mit guten Ideen, Mut und Ausdauer für die Umsetzung.
Sie gilt es zu unterstützen.

Redaktionelle Bearbeitung durch Holger Lauinger und Kerstin Faber

RAUMPIONIERE UND IHRE MÖGLICHKEITS- RÄUME

Ulf Matthiesen

VERSCHÄRFUNG DER DISPARITÄT UND AUSDÜNNUNG DER FUNKTIONEN IN LÄNDLICHEN RÄUMEN

Unsere Gegenwart ist durch eine breit gefächerte Verschärfung gesellschaftlicher Disparitäten geprägt, auf den Feldern der Demografie, der Ökonomie, der humanen Ressourcen, der öffentlichen Finanzen und der Verteilung des Wohlstands zwischen Arm und Reich. In der Entwicklung von geografischen und gesellschaftlichen Räumen bündeln sich diese Prozesse zu neuen Ungleichgewichten zwischen prosperierenden Zentren auf der einen, stagnieren-den, ja schrumpfenden Flächen auf der anderen Seite. Ein Resultat ist die regional sehr unterschiedliche Verteilung von Ressourcen für die Daseinsvorsorge oder Grundversorgung. Gerade die ostdeutschen Flächenländer werden von dieser Entwicklung zunehmend gebeutelt.

Diese Vorgänge rufen unterschiedliche Reaktionen hervor. So etwa droht die Gefahr weiterer Abwanderung von Kompetenz. Gut ausgebildete junge Frauen verlassen peripher fallende Regionen als Erste. Gleichzeitig aber öffnen sich neue Hand-lungsräume für pionierartige und selbst organisierte Praxis-formen, für interventionistische Projekte und innovative Mikronetze. Dabei ist unerheblich, ob solche Netze von den langjährigen Bewohnern, von später Zugezogenen oder – was inzwischen zur Regel wird – von beiden gemeinsam geknüpft werden. Wichtig ist vielmehr, dass die sich nun bietenden

Chancen zur Selbstorganisation in neuen Möglichkeitsräumen
entschlossen ergriffen werden.

NEUE FORMEN DER SELBSTORGANISATION IM BEREICH DER DASEINSVORSORGE UND DEREN GESELLSCHAFTLICHE RELEVANZ

Die hier nur grob skizzierten gesellschaftlichen und räumlichen Ungleichgewichte setzen natürlich auch das Verfassungsgebot einer Herstellung oder Wahrung der „Gleichwertigkeit der Lebensverhältnisse" unter Druck. Zwar ist seit Langem klar, dass damit keine quantifizierbare Gleichheit gemeint sein konnte; doch fragt man sich mehr und mehr, wie viel tatsächliche sozioökonomische und regionale Disparität die Losung von der Gleichwertigkeit der Lebensverhältnisse aushält. Angesichts der Krise der öffentlichen Haushalte lässt sich die Grundversorgung – Infrastruktur, Technik, Verkehr, Gesundheitswesen, Kultur, Bildung – in der Fläche als Ganzes und in den peripheren Regionen fernab der sich zum Teil dynamisch entwickelnden Zentren schon länger nicht mehr an jedem Ort garantieren.

Genau in den eben benannten Bereichen formieren sich zunehmend bürgergesellschaftliche Initiativgruppen. Wegen der günstigen räumlichen Wirkungen ihrer Vernetzung und Vorsorge zählen wir sie zu einer der Kerngruppen der Raumpioniere. Diese Mikronetze zeigen eine hohe Bereitschaft, selbstverantwortlich – in manchen Phasen auch selbstausbeuterisch – nach Lösungen von Problemen zu suchen, die aus der schwindenden Daseinsvorsorge resultieren. Das setzt allerdings voraus, dass es attraktive Freiräume für derartige Raumpioniere gibt. Gemeint sind damit physische, soziale, ökonomische und kulturelle Handlungsräume, die aufgrund einer niedrigeren Regelungsdichte, also aufgrund der Schaffung von „Ausnahmetatbeständen", Luft für kreative Lösungen lassen. Zugleich bildet sich innerhalb dieser ländlichen Milieus eine Kultur der Selbstverantwortung für schwierige, auf gewisse Weise aber hoch attraktive Räume. Aktiv wird hier an der Wiederbelebung von Formen gemeinschaftlichen Handelns gearbeitet. Ohne dies ausdrücklich zu thematisieren, verhandeln diese Akteursnetze Gemeinschaft nicht länger als Gegenentwurf zu Gesellschaft und deren funktionalen Systemen[1], sondern als deren dynamisierende und integrierende Grundierung.[2] So kann Selbstorganisation wieder zu einem zentralen Organisationsprinzip und zur Stütze der Zivilgesellschaft werden. Das wiederum hilft, den wachsenden Ungleichgewichten der Entwicklung von Räumen, zumindest an einzelnen Orten, ihre Härte zu nehmen und den Druck des „demografischen Determinismus" zu lockern.

In diesem Sinne erweisen sich Raumpioniere auch als Vorreiter einer sich formierenden „Selbsthilfegesellschaft".[3] Nicht zuletzt beteiligen sie sich durch ihre Praxis an einer Umdefinierung von gesellschaftlichem Wohlstand. Das Ziel, besser zu leben – das heißt die Steigerung von Lebensglück – sowie die Beförderung von Gemeinschaftsgütern, tritt dabei zunehmend selbstbewusst gegen die üblichen monetarisierten Glückversprechen an. Allerdings ohne deren faktisches Gewicht zu unterschätzen! Raumpioniere und ihre konkreten Mikro-Utopien wirken folglich als wichtige Impulsgeber für Lebenswelt und Politik insgesamt.

Was die Kategorie Raum innerhalb der neuen Debatten um Daseinsvorsorge und Gleichwertigkeit der Lebensverhältnisse angeht, so hat der Stadt- und Regionalplaner Jürgen Aring jüngst den diskussionswürdigen Vorschlag gemacht, für ländliche Regionen deutlicher zwischen „Selbstverantwortungszonen" mit niedrigerer Vorsorgedichte und „Garantiezonen" mit der Sicherheit der Gleichwertigkeit zu unterscheiden. Es ist davon auszugehen, dass es in beiden Raumtypen unterschiedliche Arten von Raumpionieren gibt. Besonders in den Selbstverantwortungszonen können die Netzwerke von Raumpionieren eine wichtige Rolle bei der Formierung, ja selbst bei der Produktion eben solcher Räume spielen. Die folgenden Überlegungen konzentrieren sich daher auf diesen Raumtypus.

DER ARBEITSBEGRIFF RAUMPIONIERE   Der offene Suchbegriff
Raumpioniere erleichtert die Entdeckung und Förderung innovativer Mikronetze in Räumen mit besonderem Bedarf an Erneuerung. Bei Raumpionieren handelt es sich um kleine Netze von Akteuren, die neuartige Nutzungen, Institutionen und Organisationen für Räume erproben, deren ursprüngliche Funktionen ausgedünnt oder

völlig verloren gegangen sind. Dazu gehören etwa umbrechende Kulturlandschaften mit stark ausgedünnter Grundversorgung, Leerstands- und Schrumpfungsräume, Zwischennutzungsareale, ruppige Biotope, transitorische Wirtschafts- und Sozialräume, posttraditionale Kulturräume mit massivem Erneuerungsbedarf, langsame Räume auf der Suche nach neuen Kontrastprofilen, vergessene und aufgelassene, von Wüstungen bedrohte Raum-inseln in Land und Stadt. Raumpioniere entwickeln beispiel-hafte Taktiken zur Reaktivierung jeweils konkreter Räume. Sie bündeln neue Nutzungsideen zu anschluss- wie zukunftsfähigen Kultur- und Organisationsformen. Sie wirken wie ein Inkubator auf andere, weitere Räume. Ein hohes Maß an Selbstorganisation ist eine Selbstverständlichkeit; häufig haben Nachhaltigkeits-gesichtspunkte hohe Priorität.

Für den Aktivitätsstil von Raumpionieren sind dabei charak-teristisch: nicht allein zündende, sondern dann auch tragende Projektideen, die zunehmend das Feld der Daseinsvorsorge berühren oder umfassen; anschlussfähige, dem jeweiligen Ort angemessene Strategien der Realisierung; Räume von der oben bestimmten Art, die neu definiert oder gar neu produziert werden können; konkrete, auf Wirkungen im Raum gerichtete Aktivitäten im Rahmen des jeweiligen Projektes.

Auf der Grundlage einiger 100 Fälle von Raumpioniernetzen hat die Raumpionierforschung am Institut für Europäische Ethnolo-gie der Humboldt-Universität zu Berlin folgendes Kriterienraster für aktuelle Raumpioniere erarbeitet:

1. Zukunftsfähige Raumeffekte und neue Nutzungsstrukturen – im Gegensatz zu weiterer Raumhomogenisierung und passiven Strategien nach Art des Aussitzens von Problemen;
2. Nachhaltigkeit und Zukunftsfähigkeit;
3. Qualität des Umnutzungskonzeptes;
4. Einbindung lokaler Milieus;
5. Innovativität und Kreativität im Sinne des Neuen als Neuen;
6. Steigerung gesellschaftlicher Toleranz in den lokalen Milieus;
7. Stärkung struktureller Heterogenität;

8. Abgrenzung zu Aktivitätsformen, die nicht die Qualität von Raumpioniernetzen erreichen, einschließlich der Bestimmung von Übergangszonen.

Zu betonen bleibt, dass keinesfalls alle Räume für Raumpioniere attraktiv oder mit deren Interessen auch nur vereinbar sind. Vielmehr lassen sich günstige und ungünstige Lagen erkennen. Angesichts dessen ist es wichtig, näher zu bestimmen, was günstige und was ungünstige Lagen auszeichnet. Mehr noch, es muss gefragt werden, wie sich Räume, sei es für endogene, sei es für exogene Raumpioniere, anziehend und anregend machen lassen. Rezepte sind eher unwahrscheinlich, da Raumpioniere in einer enormen Bandbreite von jeweils spezifischen Räumen und Praxisfeldern operieren. Stattdessen sollen an dieser Stelle fünf durch Erfahrungen bestätigte Charakteristika von Raumpionieren und ihren Netzen herausgehoben werden.

Erstens: Raumpioniere konstruieren und rekonstruieren Räume auf unterschiedliche, stets innovative Weise: so etwa durch die Schaffung von Institutionen wie einer Dorfschule; durch die Wieder-Erfindung zumeist langsamerer, traditioneller, kultureller Techniken wie dem Wein- oder Lehmbau; durch die Wiederbelebung gemeinschaftsbezogener Projektnetze; nicht zuletzt durch die Vorwegnahme gesamtgesellschaftlicher Trends wie der Selbstverantwortungsgesellschaft oder technologischer Trends wie der ökologischen Abwasserbehandlung. Raumpioniere machen also in vielfältiger Weise auf bisher ungedachte Möglichkeiten für funktionslos scheinende Räume aufmerksam.

Zweitens: Raumpioniere entwickeln in der Regel besondere, spezifische statt allgemeiner, genereller Lösungsmuster. Sie folgen dabei der Eigenlogik des jeweiligen Ortes und stärken oder profilieren dessen Potenziale. Auf diese Weise kommt die Dimension der Identität dieser Räume ins Spiel.

Drittens: Raumpioniere mischen nicht selten äußerst geschickt das Selbstorganisationspotenzial gemeinschaftsorientierter informeller Milieus mit den strategischen Netzwerkdynamiken in Markt, Politik und Zivilgesellschaft. Die dabei neu entstehenden, gemischten Interaktionsformen lassen sich mit Gewinn als Projektökologien verstehen. Damit sind Projektzusammenhänge gemeint, die hohe Professionalität und Gemeinschaftsorientierung koppeln und zugleich einen erheblichen Grad an interner wie externer horizontaler Vernetzung praktizieren.

Viertens: Raumpioniere nutzen – zunehmend kreativ – die neuen digitalen Medien. Sie tun dies vor allem, um die eigenen Dynamiken der Vernetzung innerhalb der Projektökologien wie der Gemeinschaften der Daseinsvorsorge zu stärken. Häufig entstehen auf diese Art neue Verknüpfungen zwischen lokalen und globalen Entwicklungsdynamiken. Das führt zu neuen Mustern der Strukturierung von Räumen; aber ohne dass die Projekte darüber ihre Erdung vor Ort verlieren.

Fünftens: Raumpioniere zeigen nicht zuletzt durch ihre Netzwerke eine ungewollte Affinität zu Krisenzeiten und Krisenräumen. Zeiten und Räume, die Krisen erfahren, ja von ihnen durchschüttelt werden, sind häufig Geburtsstätten des Neuen. Sie ermöglichen die praktische Erprobung von neuen Raumtaktiken und Raumstrategien auf unbekanntem Terrain.

Aus all dem folgt: Aufgrund ihrer Bewegungen in umbrechenden Sozialräumen bilden Raumpioniere – gerade für eine Raumpolitik unter den Bedingungen fehlenden Wachstums – hochgradig relevante Akteursgruppen. Sie können bei der Erkundung neuer Raumdynamiken wie bei kreativen und innovativen Krisenlösungsversuchen helfen. Kurz und knapp: Raumpioniere lassen sich als „lebende Wünschelruten"[4] für Problemräume kennzeichnen.

DIE STAATLICHE UND KOMMUNALE FÖRDERUNG DER RAUMPIONIERE

Angesichts der zukunftsfähigen Struktureffekte vieler Projektökologien von Raumpionieren stellt sich die Frage: Wie lassen sich deren Netze angemessener fördern? Und wie lässt sich verhindern, dass dabei eine zu große Abhängigkeit von „Fördertöpfen" entsteht? Dazu bedarf es der Weiterentwicklung experimenteller Förderkomponenten. Diese könnten die übliche Cluster- oder Schwerpunktförderung durch eine wagemutigere Komponente ergänzen. Denn die Netzwerke der Raumpioniere machen frühzeitig deutlich, was in peripher fallenden Regionen möglich und was nicht möglich ist, was Disparität mindert und was Disparität verschärft. Die Flexibilisierung von Regelungsdichten – anders gesagt: die Schaffung der oben erwähnten Ausnahmetatbestände – spielt bei der Anregung weiterer Projektökologien von Raumpionieren eine wichtige Rolle. Das verbindet übrigens die gegenwärtige Lage mit früheren Pionierzeiten. Die erfolgreiche preußische Politik der Anwerbung von Kolonisten und der Gründung neuer Siedlungen zwischen 1685 und 1786 etwa lässt sich als kluge Politik der Deregulierung verstehen. Die damaligen Attraktoren waren temporäre Befreiung von Steuern, Befreiung vom Militärdienst, Freiheit der Religionsausübung und die Möglichkeit, selbstständig Siedlungsräume zu entwickeln.

Elektronische Medien und deren Angebot weltweiter Vernetzung sind heute für eine Stärkung der Attraktivität von Möglichkeitsräumen unerlässlich. Breitbandkabel gehören zu jeder angemessenen Förderung. Ziel einer zukunftsfähigen Förderung von Raumpionieren muss es sein, ansteckende Wirkungen zu erzielen, die wie in früheren Zeiten zum Einwandern weiterer Kompetenzen führen, die den „Brain Drain" in „Brain Gain" verwandeln. Dafür lassen sich die in den Projektökologien von Raumpionieren gesammelten Erfahrungen systematisch strukturieren, etwa anhand der acht Punkte des oben beschriebenen Kriterienrasters.

KLEINES FAZIT Die selbst organisierten Experimente der Raumpioniere bekommen gerade für aktuelle Raum- und Vorsorgepolitiken auf dem schwierigen Terrain schrumpfender ländlicher Regionen ein zunehmendes Gewicht. Nicht zuletzt haben sie auch eine erhellende gesellschaftliche Funktion. Wissenschaftliche Expertise und Politik sehen sich angesichts der unübersichtlichen Dynamik von Disparitäten auf neue Weise mit dem Problem der „Schwarzen Schwäne"[5], das heißt des Nichtwissens konfrontiert. In diesem Umfeld erkunden Raumpioniere – nicht selten auf eigene Rechnung –, was in problematischen Räumen erreichbar ist; allerdings auch, was vor Ort bald nicht mehr zu haben sein wird oder was nicht funktioniert. Die Netze der Raumpioniere zeigen uns, wie Problemlagen über selbst bestimmte Projektnetze zu entwickeln sind, wie sie vielleicht beweglicher gestaltet oder auf andere einfallsreiche Weise neu stabilisiert werden können.

Gerade in Ostdeutschland prüfen Raumpioniere insofern auch Strategien und Taktiken durch, wie mit den Folgen der disparitären Entwicklung von Räumen umzugehen ist, was der schwächer und schwächer werdenden öffentlichen Daseinsvorsorge entgegengesetzt oder an die Seite gestellt werden kann. Die Vielzahl der Akteure und der Wege, die eine solche Veränderung voranbringen können, machen Mut. Die kreativen Impulse aus den ländlichen Regionen und die materiale Lebensqualität, die darin aufscheint, verdienen allerdings weitaus stärkere öffentliche Aufmerksamkeit und Unterstützung. Der Sammelbegriff Raumpioniere kann hier vielleicht zu einer größeren öffentlichen Sichtbarkeit beitragen. Denn in pionierartigen Projektnetzen bilden sich anschluss- und zukunftsfähige Modelle – auf dem langen, windungsreichen Weg zu neuen Formen der Kooperation zwischen Bürgergesellschaft und Staat.

1 Tönnies, Ferdinand: Gemeinschaft und Gesellschaft. Grundbegriffe der reinen Soziologie, Erstausgabe 1887, Darmstadt 1969

2 Opielka, Michael: Gemeinschaft in Gesellschaft. Soziologie nach Hegel und Parsons, Wiesbaden 2006

3 Opaschowski, Horst W.: Wir! Warum Ichlinge keine Zukunft mehr haben, Hamburg 2010

4 Berlin, Isaiah: Der Magus in Norden. J. G. Hamann und der Ursprung des modernen Irrationalismus, Berlin 1995

5 Taleb, Nassim Nicholas: Der Schwarze Schwan. Die Macht höchst unwahrscheinlicher Ereignisse, München 2008

MODELLE

AVL-VILLE

Atelier Van Lieshout

Im Rahmen der Feierlichkeiten um Rotterdam als Kulturhauptstadt Europas 2001 erklärte der Künstler Joep van Lieshout sein Ateliergelände am Rotterdamer Hafen zum Freistaat „AVL-Ville". Im Mittelpunkt standen Selbstbestimmung und Selbstversorgung – mit eigener Währung und eigener Verfassung. Das Künstlerkollektiv Atelier Van Lieshout entwickelte auf dem Gelände neue Infrastrukturen wie zum Beispiel ein Kraftwerk, das mit Biogas und Abfall Strom erzeugte, ein biologisches Wasserreinigungssystem, Komposttoiletten und ein eigenes Mobilitätskonzept. AVL-Ville war ein Kunstraum, in dem mithilfe von Kunst Möglichkeiten autonomer Gesellschaftsentwicklung erprobt wurden. Dazu gehörte die Produktion eigener Lebensmittel ebenso wie der Bau von mobilen Häusern. Ende 2001 wurde AVL-Ville geschlossen. Das Thema Autarkie ist hingegen Teil der Arbeit von Atelier Van Lieshout geblieben.

AVL-Ville Transport, 2001

.VL-Total Faecal Solution, 2003

VL-Ville Crew, 2001

RADIO B138
Verein Freies Radio B138

Die Freien Radios in Oberösterreich organisierten 2007 im Rahmen des „Festivals der Regionen" ein eigenes lokales Radio für die Region Kirchdorf mit Hörstationen im öffentlichen Raum. Das offene Studio im Straßenlokal B138 diente als Treffpunkt für die Radiomacher und als Plattform für den Festivalaustausch. Ein besonderer Schwerpunkt war die Einbindung und Arbeit mit regionalen Kulturinitiativen und Radioengagierten. Aus dem Festivalprojekt und der Begeisterung für ein eigenes nichtkommerzielles Radio vor Ort ist das Freie Radio B138 entstanden, das seit Oktober 2008 in der Region sendet. Parallel dazu erwarb der Trägerverein die Lizenz zur Ausbildung von Radiointeressierten.
Das Festival der Regionen findet seit 1993 alle zwei Jahre an wechselnden Orten in Oberösterreich statt. Abseits der Zentren verbindet es zeitgenössische Kulturarbeit mit lokalen Geschichten und Akteuren.

tudio Festivalradio B138, Festival der Regionen, 2007

örstation Festivalradio B138, Festival der Regionen, 2007

INTERNATIONAL VILLAGE SHOP

Grizedale Arts, myvillages.org, public works und Somewhere

Der „International Village Shop" ist ein von verschiedenen Künstlern und Organisationen betriebenes Netzwerk, in dem temporäre und dauerhafte Handelsorte für neue Waren entstehen. Gemeinsam mit den Bewohnern ländlicher Regionen werden seit 2003 ortsbezogene Produkte entwickelt und auf selbst initiierten Märkten in den international beteiligten Gemeinden angeboten. Das Sortiment reicht von Weckglaslampen aus Oberfranken über Pferdemilchprodukte aus dem holländischen Friesland bis hin zu selbst angebautem Reis aus dem japanischen Toge. Die Produkte sind nicht nur Handelsware, sondern Anlass, den öffentlichen Austausch und die Gemeinschaft vor Ort zu stärken, die eigene Kultur neu zu entdecken und etwas über andere Orte, ihre Bewohner, Gemeinsamkeiten und Unterschiede zu erfahren.

Internationaler Dorfladen in Höfen, 2009

Produktionsworkshop zum Thema Lehm in Höfen, 2010

Weckglaslampen aus Oberfranken

Weinkühlöltürme aus Boxberg

Pferdemilchprodukte aus dem niederländischen Friesland

FIT FREIE INTERNATIONALE TANKSTELLE

Dida Zende

Mit der Gründung des Projektes „FIT freie internationale tankstelle" durch
den Künstler Dida Zende soll von der Endlichkeit traditioneller Energieträger
zum Ursprung der Begrifflichkeit zurückgekehrt und „Energie" wieder als
„Aktion" verstanden werden. Seit 2001 werden dazu leer stehende Tankstellen
in Kunst- und Kulturräume verwandelt und statt Benzin Kreativität getankt.
Die Ausstellungen und Aktionen sind Basis für ein soziales wie auch ökologisches
Engagement. So wurde FIT unter anderem im Rahmen der UN-Klimakonferenz
2010 in Kopenhagen aktiv und veranstaltete eine eigene Freie Internationale
Konferenz zum Klimawandel.
FIT regt an zum Nachmachen. Kulturtankstellen sind mittlerweile in den USA,
Schweden, Holland, Deutschland, Österreich und der Schweiz zu finden.

FIT in Berlin

FIT in Kopenhagen

FIT in Miami

FIT in Österreich

UNIVERSITÄT ULRICHSBERG

Tilmann Meyer-Faje

Die performative Installation „Universität Ulrichsberg" stellte 2005 im Rahmen des „Festivals der Regionen" ein neues Bildungskonzept vor. Die Ein-Mann-Universität des deutschen Künstlers Tilmann Meyer-Faje übertrug wissenschaftliche Konzepte auf die unmittelbare lokale Realität der 3000-Einwohner-Gemeinde Ulrichsberg in Oberösterreich. Mit den Bewohnern wurden traditionelle Erwartungen, Probleme und Entwicklungsperspektiven diskutiert. Alle Tätigkeiten – die des Präsidenten, Dozenten, Dekans, Sekretärs, Hausmeisters und Bibliothekars – wurden vom Künstler selbstständig ausgeübt. Vorlesungen wurden unter anderem in den Bereichen Veranstaltungsplanung, Architektur, Soziologie und Ethnologie angeboten.

Dozent

ekan

ibliothekar

Hausmeister

HOHENSTEINTISCH

Atelier Ulrike Böhme

Die Gemeinde Hohenstein steht für den Zusammenschluss von fünf verschiedener Dörfern auf der Schwäbischen Alb. Die Dörfer haben zwar eine gemeinsame Geschichte, aber keine zentrale Gemeinschaft. Im Rahmen des Pilotprogramms „Kunst im Dorf" des Landes Baden-Württemberg entstand das Kunstprojekt „HohensteinTISCH" von Ulrike Böhme. Das Konzept sieht vor, mithilfe eines wandernden Tisches das neue Gemeinschaftsgefühl zu stärken. Dazu findet seit 2003 jährlich das Hohensteiner TISCHfest statt. Der Tisch wird als Gastgeschenk gemeinsam von einem Dorf zum anderen gebracht und verbleibt für ein Jahr vor Ort. Das jeweilige Dorf steht stellvertretend für die neue Mitte der Gemeinschaft. Vertreter aus der Gemeinde haben das Festritual entwickelt und organisieren es seit mittlerweile neun Jahren selbstständig.

Fünf Orte, fünf Stuhlgruppen, ein Tisch

hrlicher Umzug des Tisches im Juni

eierliche Übergabe von Ort zu Ort

eue Mitte für ein Jahr

LEITSYSTEM ZUM NEUEN
REINIGUNGSGESELLSCHAFT

Die Künstlergruppe REINIGUNGSGESELLSCHAFT entwickelte mit Bewohnern
der Gemeinde Grambow in Mecklenburg-Vorpommern ein partizipatives Kunstprojekt. Es sollte Handlungsperspektiven anregen, die der Ausdünnung der Region
und dem Verlust kommunaler Souveränität im ländlichen Raum entgegenwirken.
Basierend auf einer Umfrage über die Lebensbedingungen und Zukunftspers-
pektiven entwickelten die Künstler ein „Leitsystem zum Neuen". Es besteht aus
Verkehrsschildern, deren Piktogramme auf die Aufgaben der Zukunft verweisen.
Dazu gehört unter anderem die Gründung von Fahrgemeinschaften, die Publikation einer Dorfzeitung, die Initiierung von Sporttreffs, die Dorfverschönerung
in Eigeninitiative, ein autofreier Sonntag und die Instandsetzung des Spielplatzes
Das Projekt wurde 2009 im Rahmen des Programms „Kunst fürs Dorf – Dörfer
für Kunst" der Deutschen Stiftung Kulturlandschaft initiiert und seitdem von
den Bewohnern weiterentwickelt.

Diskussion der Umfrage im Gemeindezentrum

Wegweiser in die Zukunft

Dorfzeitung „Der Moorbote"

AVL-VILLE

www.ateliervanlieshout.com

RADIO B138

www.fdr.at, www.radio-b138.at

INTERNATIONAL VILLAGE SHOP

www.internationalvillageshop.net

FIT FREIE INTERNATIONALE TANKSTELLE

www.f-i-t.org

UNIVERSITÄT ULRICHSBERG

www.tilmann.nl

HOHENSTEINTISCH

www.ulrike-boehme.de

LEITSYSTEM ZUM NEUEN

www.reinigungsgesellschaft.de

Vinex, 12. November

Lieber Tayou,

plötzlich wird mir klar, warum ich dir gestern einen Brief schrieb. Wir haben hier eine „afrikanische" Situation. Es gibt noch immer keinen Strom. Ich denke, dass es morgen zwischen 11 und 15 Uhr etwas Strom geben wird. Drei Kraftwerke wurden verkauft. Aus diesem Grund brach die ganze Energieversorgung zusammen. Die Produktion fängt langsam wieder an, aber die Versorgung wird rationiert, das heißt, auf bestimmte Perioden über das Land verteilt. Das erinnert mich an meinen Besuch in Kamerun, wo die Versorgung mit Strom auch nicht regelmäßig war. Ich war erstaunt über die Displays der Geräte: Video, Stereo und Mikrowelle waren ständig am Blinken. Als ich eine Uhr stellte, hast du gesagt, dass es keinen Sinn macht, weil der Strom am Donnerstagabend wieder abgestellt wird – wie jeden Donnerstagabend von 19 bis 22 Uhr. Damals war ich fasziniert. Ich versuche mich zu erinnern, wann wir das letzte Mal ohne Energie waren. Es ist lange her, ich kann mich nicht genau erinnern. Ich musste einige Formulare für die Versicherung ausfüllen und bekam etwas Geld, um neues Fleisch und Gemüse zu kaufen, das im Kühlschrank getaut war.

Schöne Grüße
Ton Matton

TRENDY PRAGMATISM – HETEROTOPIE WERKSTATT WENDORF

Ton Matton und Ellie Smolenaars

Trendy Pragmatism versucht zu handeln, auch wenn die Zukunft ungewiss ist. Der Anbau von Gemüse sowie das Halten, Mästen und Schlachten von Vieh wurden in unserer Gesellschaft industrialisiert und sind folglich aus dem alltäglichen Blickfeld verschwunden. Unsere heimischen Pflanzen werden nur mit viel Aufwand überleben. Ein nasseres, wärmeres und stürmischeres Klima liefert neue Gewächse: Bananenbäume statt Platanen entlang der Straßen, schwarze Bohnen und Mais statt Rasen in den Siedlungen. Das Individuum strebt nach Sicherheit; Staaten und Regierungen existieren, weil sie diese Sicherheit auf gesellschaftlicher Ebene organisieren. Aber wie sieht eine Stadt oder Region aus, die Unsicherheit zulässt? Welches sind die Elemente einer Raumplanung, die von Unsicherheit ausgeht? Was kann man als Individuum noch selbst machen? Wie sieht Selbsthilfe aus? Dieser Text ist ein Plädoyer für Trendy Pragmatism!

HYPERMODERNITÄT IN DER WERKSTATT WENDORF

Die Werkstatt Wendorf ist ein experimenteller Landsitz beziehungsweise eine Heterotopie. Sie ist ein nicht alltäglicher Ort, der sich dem Normalen, dem Regulären entzieht und gleichzeitig mit ihm in Verbindung steht. Das traditionelle

Wohnen in der dicht bebauten Stadt oder auf dem dünn besiedelten Land hat jeweils seine eigenen Bedingungen. Eine hohe Dichte erfordert eine effiziente, möglichst Raum sparende Infrastruktur für die Versorgung mit Wasser und Strom wie auch für die Entsorgung von Abfall jeder Art. Die Verlegung von Leitungen ist jedoch gerade auf dem Land eine kostspielige Angelegenheit. Daher untersuchen wir in unserer Heterotopie Werkstatt Wendorf die Möglichkeiten autarken ländlichen Wohnens. In einer hypermodernen Umgebung betrachten wir, wie das traditionelle Landleben mit seinem gewissen Maß an Autarkie, einerseits auf dem Niveau des einzelnen Hauses, etwa mit einem Holzofen oder einem Brunnen, anderseits auf dem Niveau eines einzelnen Dorfes, etwa mit einem Eiskeller, einem Wasserrad, einem Backhaus und einem Sägewerk, in Entwürfe für die heutige Zeit umgesetzt werden kann.

Im Sommer wird unser Duschwasser zum Beispiel mithilfe von Sonnenkollektoren erhitzt. Im Mai und im September ist es sinnvoll, die Sonne im Auge zu behalten. Meist ist am späten Nachmittag genug Warmwasser vorhanden, manchmal aber auch nicht. Im Winter liefert ein Holzvergaser die Energie für Heizung und Warmwasser. Das erforderliche Holz produzieren wir teilweise selbst. 500 Birken haben wir im Garten gepflanzt; ein vier Hektar großes Stück Wald steht auf unserer Wunschliste. Strom produzieren wir auf dem Dach; 120 Solarzellen mit einer Kapazität von 25 Kilowatt liefern das Fünffache der von uns benötigten Strommenge.

Das Veredeln und Recyceln von Rohstoffen ist dabei nicht nur eine technische Herausforderung, sondern auch ein Denkmodell. Veredelung zu entschleunigen, sie in Gebrauchsgegenständen sichtbar zu machen, deren Status als funktionale Objekte sich im Design selbst zur Disposition stellt, erzählt davon, dass das Paradigma der Semi-Autarkie aus utopischen wie auch dystopischen Momenten heraus gedacht werden muss.

So funktioniert unsere „Compost Toilet" zum Beispiel ohne Wasser und damit unabhängig von der Kanalisation. Sie ist aus Holz und als Türmchen mit einfachem Pultdach gebaut. Über einige Stufen wird die eigentliche Toilette, die auf dem

Compost Toilet

Fridge on Ice

Free Range Sink

Exkrementensammelbehälter steht, erreicht. Der Entwurf kehrt zurück zur Basisfunktion der Toilette und greift auf den vernakulären Typus des Toilettenhäuschens zurück, hebt jedoch das Häuschen an und setzt es auf den Sockel des Sammelbehälters. Alle paar Jahre kommt eine Schubkarre Kompost zusammen, die im Garten verwendet wird.

Die Küche ist dank der freistehenden Ausstattungsgegenstände von Wasserversorgung und Kanalisation abgekoppelt. Unser „Fridge on Ice" nutzt die einfache Kühltechnik früherer Zeiten. Ein großer, zentral platzierter Eisblock sorgt eine Woche lang für eine von elektrischem Strom unabhängige Kühlung. Aufgrund der inneren Organisation weisen die einzelnen Schubladen des Eisschranks unterschiedliche Temperaturen auf und sorgen somit für ein optimales Temperaturambiente. Das Schmelzwasser des Eisblocks wird aufgefangen und den Pflanzen auf dem „Free Range Sink" zugeführt. Über ein Sammelbecken kann das Wasser zum Spülbecken zurück geleitet werden. In unserer „Jungle Shower" wird das Duschwasser in einem Helophytenfilter direkt gereinigt.

Kostenlose Werbung aus dem Briefkasten kommt in die „Junk Mail Press" und wird im Ofen verbrannt. In Anlehnung an die aus Holzresten gepressten Holzpellets produziert die Presse mithilfe schierer Muskelkraft aus den täglich anfallenden Massen von Altpapier Briketts. Dabei wird nicht auf die Vorteile der Hebelwirkung gesetzt, sondern ein Schraubgewinde eingesetzt. Die Presse ist somit eine Apparatur der radikalen Entschleunigung im Bereich des Ressourcenrecyclings.

Passend zur Atmosphäre des Wohnens auf dem Lande ist die Werkstatt Wendorf schlecht erreichbar. Sie liegt zwar fernab einer Stadt, ist aber nicht direkt von Natur umgeben. Vielmehr liegt sie mitten im Agrarland und ist selbst Teil davon: nicht groß, effizient, lukrativ, doch funktional, aktiv, produktiv. Die Werkstatt Wendorf verfügt über einen Hof, auf dem gewerkelt werden kann.

Alexis de Tocqueville, französischer Publizist, Historiker, Politiker und Kritiker der Industrialisierung, wies in seinem 1835 erschienenen Buch „Journeys to England and Ireland" auf

Junk Mail Press

Jungle Shower

eine Parallele zwischen Besitz und Arbeitskraft als persönlichen Besitz hin. Arbeiter konnten nur ihre Arbeitskraft verkaufen. Damit machten sie sich extrem abhängig. Indem man etwas Persönliches in Geld umrechnet, sodass es verkäuflich wird, verliert es außerdem an moralischem Wert. De Tocqueville war deshalb der Meinung, dass jeder ein Stück Boden besitzen solle, um unabhängig zu sein. Ein solches Stück Boden wirke wie ein Puffer zwischen den Geldströmen und dem Bürger. Dieses Stück Boden finden wir im hypermodernen Experiment der Werkstatt Wendorf in der Form eines Hofs mit Scheune, Stall und Garten für das Halten von Kleinvieh und für den Anbau von Obst und Gemüse wieder. Dabei werden auch die Gegenstände, mit welchen die Werkstatt ausgestattet ist, für die Produktion genutzt. So findet sich in Wendorf ein „Chicken Cabinet", in dem drei Hühner entsprechend der Europäischen Norm für Bodenhaltung gehalten werden. Der Hühnerschrank ermöglicht private Hühnerzucht auch für denjenigen, der über keine große Freifläche verfügt. Ein artgerechtes Legenest und ein Futterautomat sind ebenso integriert wie verschiedene Vorratsbehälter für Stroh und Futter. Die Hühner legen jeden Tag im Dunkeln hinter einem Vorhang ein Ei.
Diese Eier werden, von der Innentasche eines „Survival Jacket" aus, zum Kauf angeboten. Die Jacke gehört zu einer neuen Generation von Funktionskleidung für das Agieren in informellen Wirtschaftskreisläufen, die mit dem Rückzug des Wohlfahrtsstaates auch in der westlichen Welt eine neue und notwendige Relevanz gewinnen werden. Ausrangierte Gummiregenjacken aus der DDR wurden reaktiviert und um Taschen und Haltevorrichtungen für die Präsentation von kleinen Waren erweitert, sodass sich die Jacken in Verkaufsstände verwandeln. Mobiler Einzelhandel mit Gemüse aus dem eigenen Garten, mit Produkten aus der eigenen Werkstatt oder mit kleineren Gegenständen des täglichen Gebrauchs wird dadurch möglich.
Auch für das „Shiitake Sink Unit" werden Ausstattungsgegenstände der Werkstatt für die Produktion zweckentfremdet. Das Waschbecken ist multifunktional. Es setzt sich aus einem Tisch und einem Waschbecken für die Shiitake-Pilzzucht

Chicken Cabinet

Survival Jacket

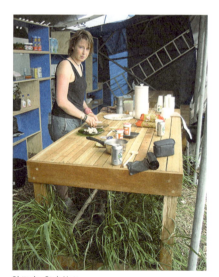

Shiitake Sink Unit

zusammen. Das Abwasser des Handwaschbeckens sorgt im Unterbau des Massivholztisches für das Wachstum der Kulturen. Die Überproduktion an Solarstrom und das enorme Raumangebot haben zur Entwicklung von „Climate Machines" geführt. Mit ihnen werden – den Klimawandel vorwegnehmend – subtropisches Obst und Gemüse angebaut. Durch den Einsatz von Wachstumslicht und mal mehr, mal weniger Wärme werden Mikroklimata geschaffen, die etwa den Anbau von Bananen und schwarzen Bohnen ermöglichen. Die Klimamaschine ist schnell zusammengezimmert und mühelos in Gang zu setzen. Aufgrund ihrer Bastelästhetik setzt sie auf einen individuellen Pragmatismus des Reagierens, wie er sich inmitten des vom Menschen veränderten Klimaraums einzurichten beginnt.

Dieses äußerst moderne, pragmatische Vorgehen erfordert individuelle Flexibilität und Kreativität. Aber genau diese Eigenschaften scheinen in unserer heutigen urbanen Gesellschaft vergessen, verlernt, ja verboten zu sein. Dabei bieten sich die Produkte nicht nur als Tauschobjekte für die lokale Tauschwirtschaft an; der Anbau passt vielmehr auch zur Tradition der Anpflanzung von Obstbäumen an Straßenrändern, die für die Menschen in ländlichen Gebieten eine willkommene Ergänzung des Obstangebots bedeutet.

In unseren Städten, deren Grün von den Grünflächenämtern beherrscht wird, ist so etwas wegen herabfallender Blätter, Blüten und Früchte verboten. Diese weitreichende Zähmung des Stadtbewohners wird im „Urban Domestication Project" thematisiert. In unserem Birkenhain mit hoher Pflanzdichte hängen 118 Vogelhäuschen. In den kommenden Jahren wird sich zeigen, ob der Grauschnäpper in dieser suburbanen Dichte überleben kann, oder ob die Vogelstadt am Ende vom Grünen Halsbandsittich, dem Gewinner der Klimaveränderung, bewohnt werden wird.

DAS HETEROTOPISCHE VOKABULAR DER WERKSTATT WENDORF

Wenn angesichts des Rückgangs der Bevölkerung im Überfluss vorhandene Gebäude umgenutzt werden, dann ist deren Neubestimmung ein mächtiges Instru-

Bananenlampe

Obstgartenstuhl

Urban Domestication Project, Videoausschnitt mit Bernadette La Hengst

ment. Sprache kann die Metamorphose eines Gebäudes
in eine Gartenmauer vorgeben. Und wenn die Metamorphose
sich im Verhalten der Bewohner konsolidiert, dann wird das
Gebäude wirklich zu einer Gartenmauer. Sprache kann ein Innen
in ein Nicht-Innen verwandeln. So wird der kalte, unbeheizte
Raum der Tenne zum Beinahe-Außen. Sprache schafft Wirklich-
keit; sie bestimmt die Bewertung von Gebäuden und die mit
ihnen verbundenen Gefühle im Diskurs.
So werden den Besuchern bei Führungen durch die Werkstatt
Wendorf andere Interpretationen auf den Weg gegeben.
Der frühere Kindergarten ist die Gartenmauer; die ehemalige
Sporthalle heißt Arbeitsplatz. Diese Umdefinierung bestehender
Gebäude schafft viele Freiheiten für ihre täglichen Benutzer.
Gleichzeitig hat sie etwas Respektloses. Es ist, als ob man die
Gebäude eines Teils ihrer historischen Identität beraube. Für
Retrobesucher – das heißt für Einwohner von Wendorf und
Umgebung oder für Menschen, die die Gebäude der Werkstatt
Wendorf früher als Schule erlebt haben – ist es von essenzieller
Bedeutung, auch die historische Identität zu thematisieren.
„Hier war früher der Kindergarten" oder „Hier hatten wir Chemie-
unterricht" oder „An dieser Mauer standen die Jungpioniere
in der Reihe" sind typische Kommentare.
Bei der Neudefinition verwenden wir Werkstatt-Wendorf-
Vokabular, das das Selbstmachen und die Eigenverantwortung
in den Vordergrund rückt. Unsere drei heterotopischen Lieb-
lingsbegriffe sind: „Hypermodernität", „Kopf und Körper" und
„Trendy Pragmatism".
Hypermodernität meint die Anwendung alter, traditioneller
Methoden und Kenntnisse in aktuellem Rahmen und aktueller
Form. Alte und neue Kenntnisse treffen in der Praxis zusammen.
Kopf und Körper meint, dass Gesundheit und Glück Denk-
arbeit und körperliche Arbeit voraussetzen. In der Stadt ist
Sport eine willkommene Erholung von der Arbeit im Sitzen.
Im ländlichen Tagesrhythmus hingegen kommen Kopf und
Körper gleichermaßen zum Einsatz; Büroarbeit wird von Holz-
hacken, Tierversorgung und Gartenarbeit abgewechselt.
Trendy Pragmatism schließlich meint, dass es keine ideologische

Blaupause gibt. Veränderungen finden von unten nach oben statt, durch Versuch und Irrtum und durch Improvisation, stets in Reaktion auf aktuelle Trends.

STADTZEIT UND DORFZEIT

Die Greenwich Mean Time ist ein soziales Konstrukt, genau wie die Winter- und Sommerzeit. Die Menschen kämpfen mit der Integration von Familienzeit und Arbeitszeit. Sie teilen ihre Lebenszeit in Phasen für Ausbildung, Arbeit und Rente ein. Zeitliche Strukturen werden flexibler und komplexer. Um kreative Kontrolle über die Zeit zu bekommen, haben wir in der Werkstatt Wendorf die Stadtzeit und die Dorfzeit eingeführt. Wie funktioniert das? Die Formel ist simpel: Dorfzeit (Std.) = Stadtzeit (Std.) + 2 (Std.). Oder einfach: $DZ = SZ + 2$.

Wenn Sie dies während der Frühstückspause in der Stadt lesen, sagen wir um 10 Uhr, dann ist es bei uns in der Werkstatt Wendorf 12 Uhr, Zeit für das Mittagessen. Wie dies aussieht, können Sie im Internet unter www.werkstattwendorf.de ansehen. Es ist gut zu wissen, dass es in Abhängigkeit vom Lebensstil am selben Ort unterschiedliche Zeitzonen geben kann. Unsere Erfahrung lehrt uns, dass Gäste aus der Stadt einen anderen Lebensrhythmus haben, während unser Dorfleben einfach weitergeht. Durch das Aufstehen in der Dorfzeit und das Zubettgehen in der Stadtzeit häuften wir schnell ein beachtliches Schlafdefizit an. Die Rhythmen liefen einfach nicht synchron. Und so entdeckten wir die Zeitzonen. Es ist praktisch und interessant, durch Zeitunterschiede neue Impulse zu gewinnen.

STÄDTISCHE ODE AN DIE STILLE UND DIE WEITE

Der Übergang vom urbanen zum ländlichen Raum bringt besondere Erfahrungen mit sich. Es sind Erfahrungen, die mit den Eigenschaften des ländlichen Raums, seiner Leere, seiner Weite, seiner Stille, in Verbindung stehen. Und diese bekommen ihren Wert vor allem durch die Konfrontation mit der Erfahrung des Städters in seinem dicht bevölkerten Biotop.

Wir baten eine Besucherin aus der Stadt, ihre Erfahrung der Stille in Wendorf zu beschreiben: „Ich habe die Stille wie eine

Wand empfunden, weil ich eine Art Druck an den Ohren gespürt habe, der davon kam, dass ich kein Echo wahrgenommen habe. Ich konnte ganz weit hören, ohne eine akustische Antwort zu bekommen. Dieser leere, weite Raum war dadurch unheimlich groß und schwergewichtig. Das Hören hat sich nicht am nächsten Straßenlärm gebrochen und abgearbeitet, sondern ging unfassbar weit in die dunkle Nacht hinaus. Die unbemerkte Dauerbeschallung der Großstadt war weg. Dadurch habe ich erst realisiert, dass sie sonst immer da ist und mich beschäftigt. Die Leerstelle ist natürlich gut, aber macht auch Angst, weil man dadurch viel mehr mit sich konfrontiert wird. Es ist wie die ganze Zeit eine Augenbinde zu tragen und dann plötzlich sehen zu können."

Die Geräusche der Großstadt sind stets in den Ohren der Bewohner, die es kaum noch merken. Der städtische Raum ist erfüllt von Klang. Was für die Geräusche gilt, gilt auch für den Raum. Auf dem Lande anzukommen, gibt einem das Gefühl, sich selbst auszudehnen. Es gibt so viel Raum, dass man sich nicht mehr zu beschränken braucht. Auch diese Erfahrung wird einem erst beim Wechsel vom städtischen zum ländlichen Biotop bewusst. Physisch äußert sich dies darin, dass die Lungen mehr Sauerstoff enthalten und der eigene Schweiß anders riecht; vielleicht, weil im Atem keine Reststoffe von Abgasen mehr enthalten sind.

Das sind physische Erfahrungen, die wir aufzeichnen müssen. Städte bestehen zu einem immer größeren Teil aus geschlossenen Räumen, die durch Klimaanlagen vom Außenklima getrennt sind. Auch Sport wird zunehmend drinnen ausgeübt. Damit verstärkt sich der Gegensatz zwischen dem städtischen und dem ländlichen Biotop. Hieraus entsteht der physische und gedankliche Raum für experimentelle Landsitze wie die Werkstatt Wendorf.

Literaturhinweise

· Brief von Ton Matton, aus dem Englischen, aus: Harbusch, Gregor / Luce, Martin / Matton, Ton / Timmermans, Wim: „Surviving the Suburb. Versuche der Semi-Autarkie in Suburbia", Rotterdam 2008
· Foucault, Michel: Andere Räume (1967), in: Barck, Karlheinz (Hg.): Aisthesis: Wahrnehmung heute oder Perspektiven einer anderen Ästhetik; Essais. 5., durchgesehene Auflage, Leipzig 1993, S. 34–46
· Tocqueville, Alexis de: Journeys to England and Ireland (1835), übersetzt von Lawrence, George und Mayer, Jacob Peter (Hg.), London 1957

CLOUD SERVICING

Projektgruppe Stiftung Bauhaus Dessau

Die Zukunft der Daseinsvorsorge erfordert nicht nur ein neues Aushandeln des Verhältnisses zwischen Staat, Zivilgesellschaft und privater Wirtschaft. Die vom Raum oft abstrahierende Politik der Daseinsvorsorge geht an der gesellschaftlichen Wirklichkeit vorbei. Trotz des Rechts der Gleichwertigkeit der Lebensverhältnisse haben sich diese lokal differenziert. In Zukunft gilt es, diese Differenz intelligent zu organisieren, sodass eine neu verstandene Gleichwertigkeit in Andersartigkeit möglich wird. Hierbei ist die räumliche Zersplitterung in eine Vielzahl unabhängiger, oft konkurrierender Kommunen zu überwinden. Eine Regionalisierung der Daseinsvorsorge durch die Aufhebung kommunaler Grenzen erlaubt es, in einer Region arbeitsteilig zu handeln und Synergien zu nutzen. Wie beim Cloud Computing muss nicht jeder Service überall real vorhanden, aber in Reichweite der Akteure verfügbar sein. Zugleich sollten zuvor großräumliche oder globale Prozesse im Hinblick auf den Klimawandel regionalisiert werden. Ob Lebensmittel- und Energieversorgung, Recycling oder Tourismus: Die Rückführung zentraler Funktionen in die Region dient nicht nur der Verbesserung von Effizienz, Lebensqualität und Ökobilanz, sondern setzt auch lokalwirtschaftliche Impulse und ermöglicht regionale Teilhabe an der Wertschöpfung.
Drei fiktive Reportagen und Kartografien aus dem Jahr 2050 skizzieren an drei Beispielregionen mit abnehmender Bevölkerung im Bundesland Sachsen-Anhalt die Idee einer solch neuen Konzeption von Raum. In der Altmark als einer der am dünnsten besiedelten Regionen Deutschlands stellt sich die Frage nach dem Rückzug aus der Fläche. In Dessau-Anhalt als einem Oberzentrum in der Krise muss die Idee von Zentrum neu gedacht werden. Der Harz als ein sich über die Grenzen dreier Bundesländer erstreckender Landschaftsraum bietet das Potenzial, die bisherige Fragmentierung zu überwinden, um zu einer neuen Konzentration zu finden.

INITIATIVE ALTMARK Samstagvormittag im Jahr 2050. Aus Berlin mit der Bahn kommend, erreichen wir den Hauptbahnhof Stendal eine halbe Stunde später. Unser Ziel ist die Kulturinsel Havelberg, ein von Bewohnern, Künstlern und Unternehmen der Stadt getragenes Projekt.

Wir warten auf den Bürgerbus. Tim Werner, von Beruf Elektromechaniker, hat heute Busdienst. Er stammt aus der Hauptstadt. 2020 zog er von Berlin in den Norden der Altmark, um dort eine Servicewerkstatt für Elektromotoren aufzubauen. Als Hauptstädter fand er keinen bezahlbaren Raum in der Nähe seiner Wohnung. Mit zwei kleinen Kindern wollten er und seine Frau nicht jeden Tag Stunden in Berlin unterwegs sein, um das Familienleben zu organisieren. Für die Altmark entschieden haben sich die Werners aus mehreren Gründen. Der Leerstand an Häusern auf dem Land hatte die Preise praktisch auf Null gesenkt; für das großzügige Grundstück erhielt Werner sofort die Erlaubnis zum Ausbau der Scheune als Werkstatt; die beiden Kinder kamen umgehend in den Freien Kindergarten der Dorfstation und Werners Frau, freiberufliche Programmiererin, hat dank Breitband-Satelliten-Empfang Anschluss an die Welt. Den Strom gewinnt und verwaltet die Gemeinde selbst. In Werners Fall schloss man ihn direkt an das kleine Wasserwirbelkraftwerk an, das seine Werkstatt und Ladestation für Elektroautos gleich mit versorgt. Überschüsse speist die Gemeinde ins Netz; von den Einnahmen werden soziale Projekte unterstützt. Entschieden haben sich die Werners trotzdem nicht sofort. Denn nicht nur die Strom-, Wasser- und Abwasserversorgung wird unter Beachtung von Umweltauflagen auf dem Land dezentral realisiert. Der Kindergarten ist heute von den Bewohnern ebenfalls selbstorganisiert, in Kooperation mit dem Regionalmanagement Altmark auch die Grundschule, das öffentliche Busnetz, der Abfalltransport und der Winterdienst. Vorbild ist das Prinzip der Freiwilligen Feuerwehr. Für Werner bedeutet das, dass er nicht nur jeden zweiten Samstag den Bürgerbus fährt. Er übernimmt auch einmal pro Monat mit seinem Nachbarn den Mülldienst.

Warum nicht jeder seinen Müll selber wegfahren kann? Es gibt viele Alte, die nicht in der Lage sind, sich darum zu kümmern. Deshalb kümmert man sich in der Gemeinschaft darum. Die Alten wiederum helfen bei der Betreuung im Kindergarten. „Und die Schule?", wollen wir wissen. Es gibt Freie Grundschulen mit unterschiedlichen Gruppengrößen von der ersten bis dritten und von der vierten bis sechsten Klasse. Probleme mit der Gewinnung von Lehrern haben die Elterninitiativen nicht; Freie Schulen sind wegen der kleinen Gruppengrößen und des freien Lehrplans attraktiv. Die Nachmittagsbetreuung samt Nachhilfe übernehmen dann wieder die Alten. Das hilft den Eltern, die ganztägig arbeiten. Die Großen gehen auf die Gemeinschaftsschule der Stadt.

„Man muss hier leben wollen", unterbricht Elli Trauber. Sie ist Rentnerin und in der Altmark geboren. Ihre Eltern arbeiteten zu DDR-Zeiten in einer Landwirtschaftlichen Produktions-genossenschaft (LPG). In den meisten Dörfern war die LPG der wichtigste Arbeitgeber, der auch die Kindergärten und Konsum-betriebe organisierte. Nach der Wende zerbrach die alte Ordnung. Der Konsum, Lebensmittelmarkt und Zentrum der Dorfgemeinschaften, verschwand als erstes. Dann ging die Jugend. Zwischen 2004 und 2009 wurden in der Altmark 18 Grundschulen, 16 Sekundarschulen und 5 Gymnasien geschlos-sen. Im Bereich der medizinischen Versorgung sah es nicht besser aus. Die Hansestadt Stendal prognostizierte für Teile der Altmark eine Schrumpfung der Bevölkerung von bis zu 50 Prozent. Staatlich organisierte Versorgungsstrukturen konnten in der Fläche schon damals nicht mehr nach den gewohnten Standards aufrechterhalten werden. Das traf nicht nur die Dörfer, sondern auch die Kleinstädte, die die Versorgungszentren des ländlichen Raums darstellten. Die ersten Bürgerinitiativen entstanden. „Wir mussten einfach lernen, uns neu zu organisie-ren", erzählt uns Elli.

Schritt für Schritt bauten die Initiativen in Kooperation mit dem Regionalmanagement Altmark und den Gemeinden neue Versorgungsnetzwerke auf. So entstand auch die erste Dorf-station, die genossenschaftlich betrieben und von Landwirten der Region beliefert wird. Bald folgten ein Dutzend weitere Stationen, oft in Nachbarschaft zu den Kitas oder in Verbindung mit den Freien Grundschulen, die mittags von der Dorfstation versorgt werden. Ein Arztraum, der einmal pro Woche von mobilen Ärzten der Medizinischen Versorgungszentren in der Altmark besetzt wird und über Telemedizin mit den städtischen Krankenhäusern verbunden ist, gehört mittlerweile genauso zur Grundausstattung wie die Post. Einige Dorfstationen unterhalten zusätzlich ein Café, andere haben eine kleine Apotheke, betreiben einen Lieferdienst oder bieten Platz für Vereinstreffen. Der Bürgerbus hat seine Haltestellen den zentralen Stationen zugeordnet. „Viele Dörfer und Weiler sind seit dem Tod der älteren Bewohner aber auch verlassen. Wer dort in Zukunft leben möchte, ist auf sich allein gestellt", ergänzt Werner.

Der Bus hält an der Dorfstation in Iden. Elli muss aussteigen. Sie betreut das Projekt Generationscafé. Es wird einmal im Monat von Jugendlichen an wechselnden Orten organisiert. „Eine Art Jugendfeuerwehr, nur mit Kaffee und Kuchen", lacht sie. Vor über 50 Jahren wurde das Projekt von der Bürgerinitiative Stendal ins Leben gerufen, die auch die Pflege von Demenzkranken in der Altmark begleitet. Elli ist von Beginn an dabei. Was sie dafür bekommt? Selbstkompetenz. Und die Chance, hier auch in Zukunft gut leben zu können.

Wir kommen in Havelberg an. Die damals von Leerstand gezeichnete Stadtinsel ist mit Unterstützung der Kulturstiftung des Bundes als Kulturinsel überregional bekannt geworden. Neben der Organisation von Veranstaltungen und Ausstellungen vergibt der örtliche Förderverein Aufenthaltsstipendien an Künstler und Kulturschaffende; manche sind geblieben. Wir wollen zum jährlichen Sommerfestival und stürzen dem Kulturevent entgegen. „Vergesst nicht den Bus um acht Uhr, das ist der letzte zurück nach Stendal", ruft uns Werner noch schnell hinterher. Ob wir schon heute zurück nach Berlin wollen, wissen wir allerdings noch nicht.

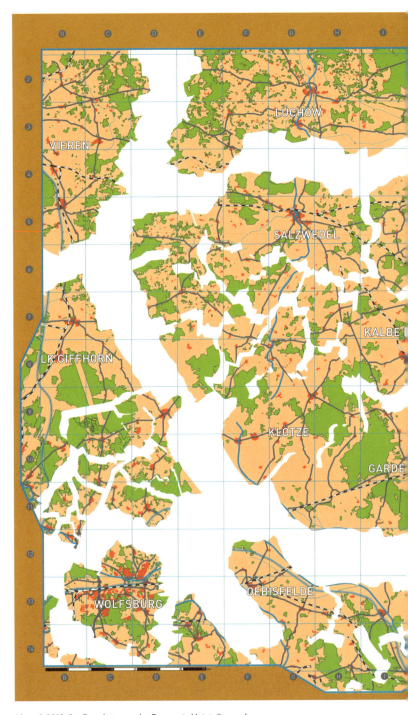

Altmark 2010: Die Zersplitterung des Raumes in kleinteilige und hierarchisch organisierte Gebietskörperschaften verhindert die Umsetzung regionaler Strategien.

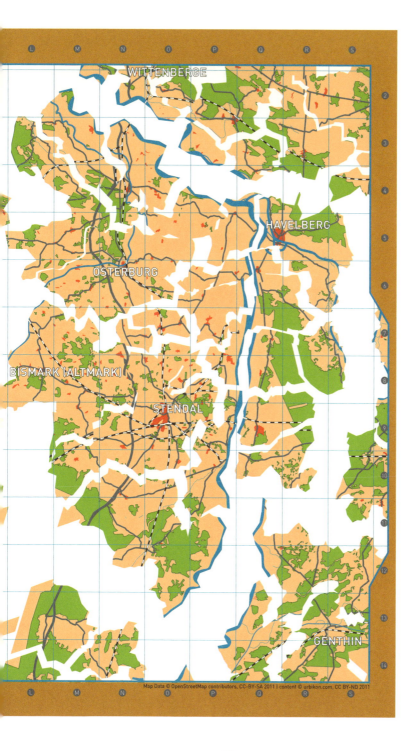

WITTENBERGE

HAVELBERG

OSTERBURG

BISMARK (ALTMARK)

STENDAL

GENTHIN

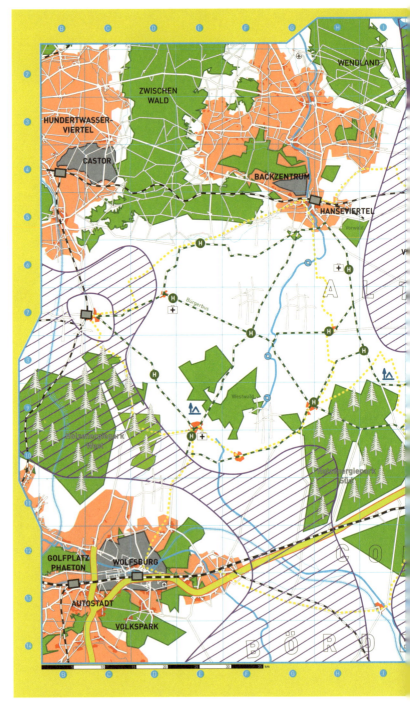

Altmark 2050: Die Organisation der Daseinsvorsorge über Gemeinde- und Kreisgrenzen hinweg erlaubt übergreifende Konzepte und neue kooperative Netzwerke. In extrem dünn besiedelten Selbstverantwortungsräumen (Schraffur) wird auf eine staatlich organisierte Daseinsvorsorge weitgehend verzichtet.

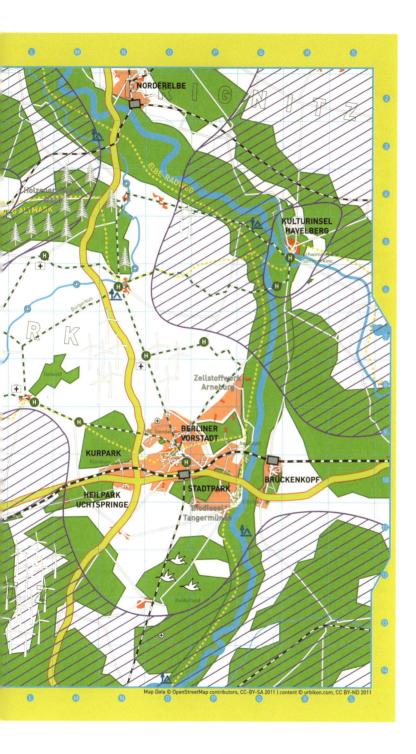

NORDERELBE

KULTURINSEL HAVELBERG

Zellstoffwerk Arneburg

BERLINER VORSTADT

KURPARK

BRÜCKENKOPF

HEILPARK UCHTSPRINGE

STADTPARK

Biodiesel Tangermünde

STADT ANHALT An einem Spätnachmittag im Frühjahr 2050 bringt
Anton Becker seine Agroholzernte nach Zörbig. Von der Sammel-
stelle und Verladestation geht der Transport auf der früheren
„Marmeladenbahn" in den BioPlastParc nach Bitterfeld. Ab den
2020er Jahren wurde dieser zentrale Industriestandort der
Region für die Produktion von Kunststoff aus Biomasse umgebaut.
Nachwachsende Rohstoffe sind der wichtigste Grundstoff;
Biomasse wird nur noch partiell zur Energieproduktion verwen-
det. Die Wertschöpfung in der Grünen Chemie ist höher.
Von der Verladestation fährt Becker an den Zörbiger Haltepunkt
der S-Bahn. Dort wartet seine Tochter Anna. Sie arbeitet seit
Kurzem als Technikerin bei der Regio-Stadtwerke AG in Dessau,
an der Becker auch ein paar Aktien hält. 2020 fusionierten alle
Stadtwerke der Region zu einem schlagkräftigen Mobilitäts-
und Energiedienstleister. Sie bauten die wichtigste Basisinfra-
struktur für die 2025 neu zusammengeschlossene Stadtregion
Anhalt aus und wurden zum Betreiber der Regio-Stadtbahn.
Anstatt weiter für die Wiedereröffnung eines Fernbahnhofs in
Dessau zu kämpfen, hat sie die Verbindungen innerhalb der
Region wesentlich verbessert, sodass die Orte gut vernetzt sind.
Über den Regio-Bahnhof im Stadtteil Bitterfeld ist die Region
Anhalt heute an das nationale und europäische Schnellbahnnetz
angeschlossen. „Energie- und Wärmeproduktion spielen bei
den Stadtwerken heute keine so große Rolle mehr", sagt Anna.
Haushalte und Unternehmen produzieren häufig selber Strom
und Wärme und speisen Überschüsse ein. In den Stadtteilen
Wittenberg und Dessau gibt es große Energiegenossenschaften,
die schon vor 25 Jahren in das regionale Verteilernetz investiert haben.
Am nächsten Morgen fährt Anna mit ihrem Pedelec zur S-Bahn
und besteigt den Zug nach Dessau. Nach der Einpreisung
von CO_2- und Treibhausgas-Emissionen in die Transportkosten
begann der Ausbau klimafreundlicher, öffentlicher Verkehrsmittel auch in der Region. In Bitterfeld steigen Fahrgäste aus dem
Regio-Sprinter zu. Es wird Englisch gesprochen. Eine Gruppe
internationaler Wissenschaftler reist zu einer Tagung des
Umweltbundesamtes. Rosita Jiménez begleitet sie. Vor 20 Jahren

kam sie zum Studium der Bio- und Verfahrenstechnologie nach Köthen. Nach dem Master wurde sie als Ingenieurin in der kleinen Forschungsabteilung ihres Praktikumsbetriebes eingestellt. Sieben Jahre später wechselte sie an das Umweltbundesamt in Dessau.

Die S-Bahn fährt jetzt in den Stadtteil Dessau ein, vorbei an großen Solar- und Windkraftanlagen. Sie stehen auf Industrie- und Wohnungsbauflächen, die zwischen 1990 und 2025 brach fielen und deren Bauten sukzessive abgerissen wurden. Dessau ist kleiner geworden. Rosita und ihr Mann Erik haben sich dennoch für Dessau entschieden. Sie sind begeisterte Faltbootfahrer und schätzen die Landschaft an Elbe und Mulde. Außerdem sind sie Fans des Anhaltischen Theaters und Mitglieder einer Theaterstiftung, die die traditionsreiche Einrichtung schon 2020 vor der Schließung bewahrte. Die Stadt Dessau-Roßlau musste damals ihre jährlichen Zuschüsse massiv reduzieren. Doch das Theater ist in der Region gut verwurzelt. Nach der Schließung des Theaters in Wittenberg und einem Intendantenwechsel in Dessau hatte das Anhaltische Theater sein Gebäude zunehmend verlassen und an den verschiedensten Orten der Region gespielt. So traten 2020 nicht nur die benachbarten, damals noch eigenständigen Landkreise der Stiftung bei, sondern auch eine große Zahl von Bürgern.

Am Bahnhof Dessau begrüßt Erik seine Frau. Mit ihren Kindern leben sie nahebei in einem Stadthaus. Die Baugruppe, zu der Erik und Rosita gehörten, hatte 2033 eines der letzten freien Grundstücke in der Dessauer Nordstadt erworben. Infolge der europäischen Schulden- und Finanzkrise zogen ab 2015 die Immobilienpreise und Mieten in Berlin und Leipzig drastisch an. Für Berufspendler und neue Arbeitskräfte wurde Dessau als Wohnstandort daher interessanter; der Zuzug kompensierte den Rückgang der Bevölkerung aber nicht. Geert Höven, Rositas Nachbar, begegnet ihnen auf dem Nachhauseweg. Er arbeitet als Umweltmediziner am Forschungsklinikum in Alten. Die Umweltmedizinforschung hat sich während der letzten 30 Jahre zu einer neuen Produktivitätsbasis in Dessau entwickelt. Der Impuls ging von einer durch die Stadt Dessau unterstützten

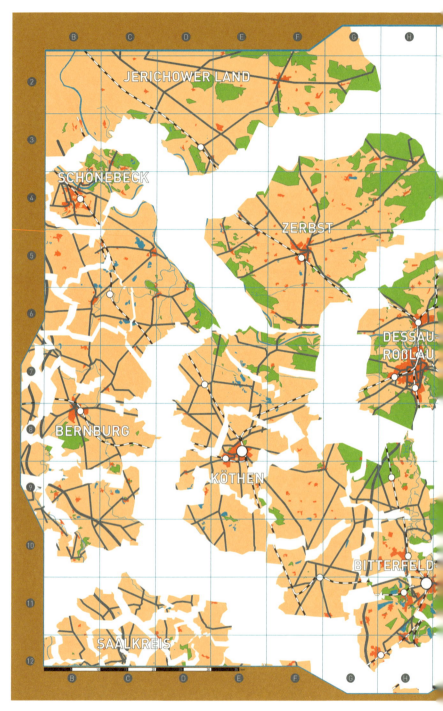

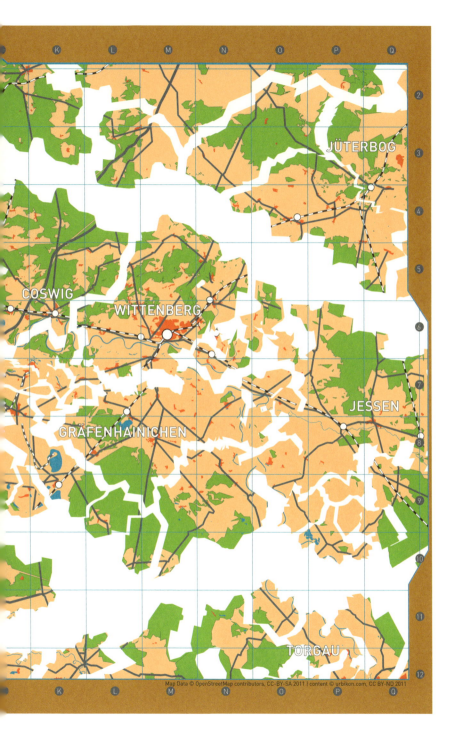

JÜTERBOG

COSWIG

WITTENBERG

JESSEN

GRÄFENHAINICHEN

TORGAU

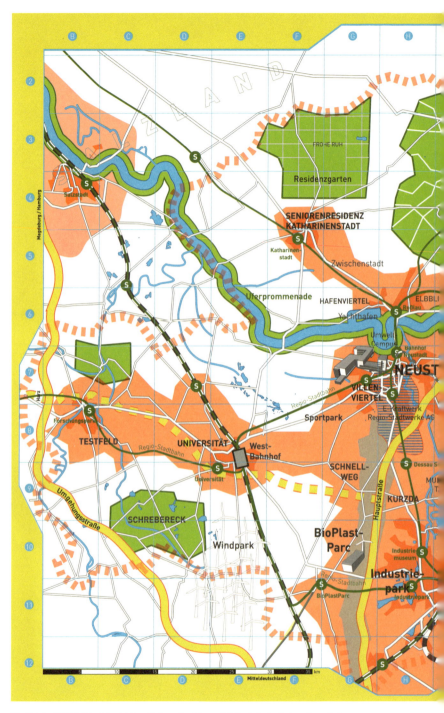

Stadt Anhalt 2050: Die vielen kleinen Orte und größeren Städte Anhalts sind zu einer einzigen
Stadt von 300.000 Einwohner verschmolzen. Die verschiedenen Stadtteile nehmen unterschiedliche
Aufgaben in der Gesamtstadt wahr und sind mit einem S-Bahn-System miteinander verknüpft.

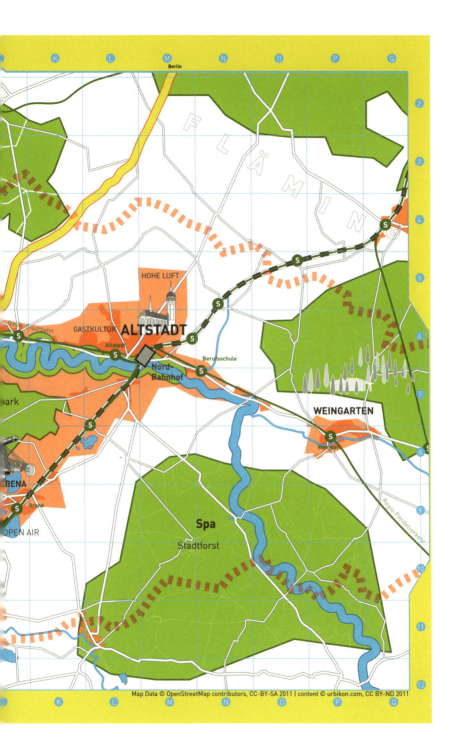

Berlin

FLÄMING

HOHE LUFT

GASTKULTUR **ALTSTADT**

Regio-Stadtbahn

Altstadt

S

Nord-
Bahnhof

Berufsschule

WEINGARTEN

Weinpark

S

park

ARENA

OPEN AIR

Spa

Stadtforst

Regio-Pendelverkehr

Kooperation des Umweltbundesamtes mit dem Städtischen Klinikum aus.

Und Wittenberg? Es ist Nachmittag in der Lutherstadt. Anton Becker nimmt als ehrenamtliches Mitglied am Regionalkonvent teil. Das Parlament der Region löste 2025 den Dessauer Stadtrat und die beiden Kreistage ab. Sie beraten wechselnd in den Stadtteilen, heute in der Lutherstadt. Hier hat das touristische Jahr erst begonnen. Es bringt über den Sommer bis zum Reformationstag viele Gäste in die Stadt. Den Rest des Jahres genügt sie sich selbst. Bewohner, Unternehmen und öffentliche Einrichtungen haben sich auf den Typ „Saisonstadt" eingestellt. Für das ländliche Umland ist der Stadtteil Wittenberg ein wichtiges Versorgungszentrum geblieben. Hier sind Ärzte, Dienstleistungen, Kultur- und Bildungsangebote zu finden, nicht zuletzt das auf Gartenbau und Agrarökologie spezialisierte Fachgymnasium und Berufsschulzentrum. Schulträger ist der Stadtverband Anhalt; ebenso für die Berufsschulzentren in Bitterfeld und Dessau.

Mit freiwilligen Kooperationen zur Regionalplanung, Wirtschafts- und Tourismusförderung hatte man schon in den 1990er Jahren begonnen. Der drastische Rückgang der Bevölkerung und, damit verbunden, der Rückgang öffentlicher Mittel machten ab 2020 eine grundlegende, demokratisch legitimierte Reform der regionalen Zusammenarbeit unumgänglich. Das war die Geburtsstunde der Stadt Anhalt, wie sie im Alltag genannt wird, richtiger aber des Stadtverbandes Anhalt. Unterstützt von einer Experimentierklausel im Landesentwicklungsplan und der Gemeindeordnung ging ein neuer Stadttypus in Erprobung.

Die kreisfreie Stadt Dessau-Roßlau und die beiden Landkreise Wittenberg und Anhalt-Bitterfeld fusionierten 2025 zur Stadt Anhalt. Heute leben über 300.000 Einwohner in dem regional organisierten Oberzentrum. Die Stadt funktioniert arbeitsteilig, was auch eine nachhaltige Entwicklung der Infrastruktur und Siedlungsflächen möglich machte: mit dem Industriequartier in Bitterfeld, dem Wissens- und Gesundheitsquartier in Dessau, dem Universitätsquartier in Köthen und dem Museums- und Kirchenquartier in Wittenberg. „Hätte keiner gedacht, alles Anhalter", denkt Becker sich, als er den Konvent betritt.

REPUBLIK HARZ Wir schreiben das Jahr 2050. Der Harz ist seit Jahrzehnten eine „Rurale Republik", auch wenn das am Anfang niemand verstand. Ein deutscher Kultur- und Naturraum als eigene Wirtschafts- und Verwaltungszone, das war für die Lordsiegelbewahrer des Föderalismus zu utopisch. Dennoch sind Niedersachsen, Sachsen-Anhalt und Thüringen diesen Weg gegangen, gaben Macht an die selbstverwaltete „Republik Harz" mit 800.000 Bewohnern und akzeptierten eine Hauptstadt, die alle zwei Jahre wechselt.

Wer heute zu einer Reise durch den Harz aufbricht, kommt entspannt mit einer Ringbahn an, die im 20-Minuten-Takt fährt. Nie mehr als eine Stunde und man ist am Ziel. Mit dem Ausbau des Rings wurde der Grundstein für die heute fast autofreie Haupterschließung der Region gelegt; eine Strategie, die diese einzigartige Kulturlandschaft nachhaltig fördert. Seit Jahrhunderten kennt man keine schönere Gegend zur Erfrischung. Es gab hier schon immer Damen mit Sommerhütchen, die tagelang durch den Harz kreuzten, ihre Nase in dieses Buch steckten, um alles abzuwandern, was Heinrich Heine beschrieben hatte. Er konnte nicht vorhersehen, dass der Brocken irgendwann in Italien liegen würde, jedenfalls in ähnlichen Temperaturregionen. Denn im Jahr 2050 herrscht im Harz mediterranes Klima. Pumpspeicherkraftwerke haben neue Stauseen entstehen lassen, die wiederum die Gegend als Adresse touristischer Aquakultur bekannt gemacht haben. Auch die Fischzucht hat hier neue Möglichkeiten gefunden.

Wir fahren nach Westerhausen, einer Gemeinde im Harzvorland. Vor einem schönen Fachwerkhaus wartet Hannah Meyer, 30 Jahre alt und Winzerin, wie viele hier in der Gegend, aber sicher eine der erfolgreichsten. Auf der Weinmesse in Quedlinburg konnte ihr Spätburgunder schon einige Male die Goldmedaille erringen. In diesem Jahr hofft sie, dass ihr Cabernet prämiert wird. Eigentlich ist es viel zu heiß für Rotwein, aber Hannah besteht darauf, einen 2048er Spätburgunder zu entkorken. Natürlich den mit der Goldmedaille. Während der erste Schluck durch die Kehle rinnt und man anfängt, an das Wort vollmundig zu glauben, sagt sie: „Unsere Reben sind alle naturbelassen.

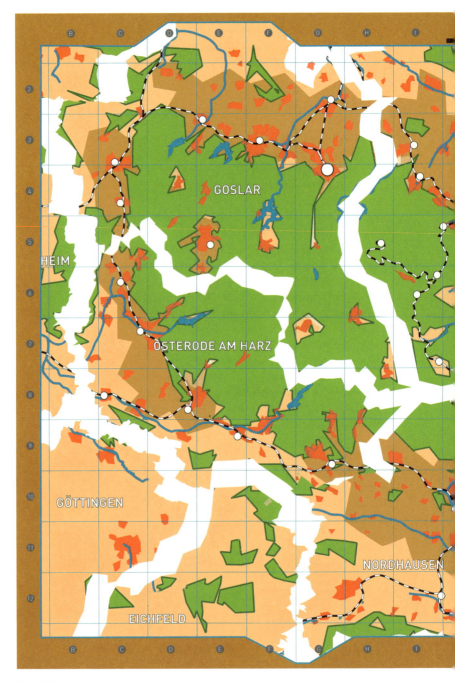

Harz 2010

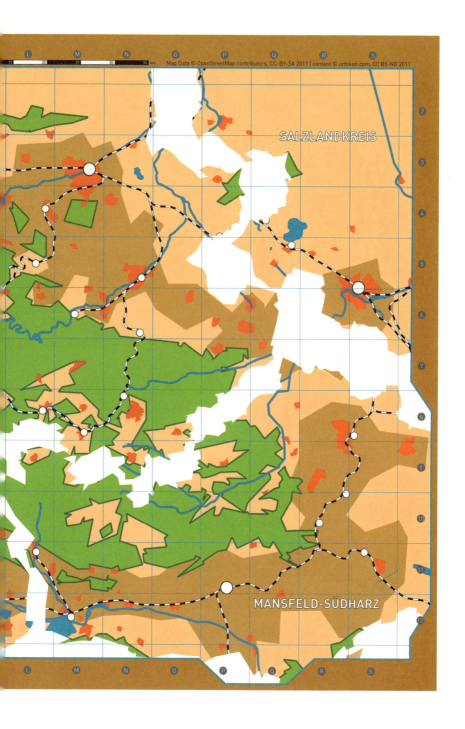

SALZLANDKREIS

MANSFELD-SÜDHARZ

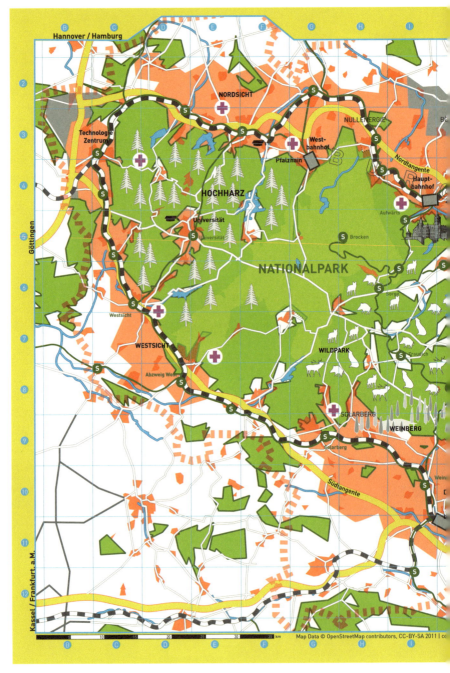

Republik Harz 2050: Die disperse Besiedlung um den Harz wird zu einer Ringstadt vereint, die sich über drei Bundesländer erstreckt.

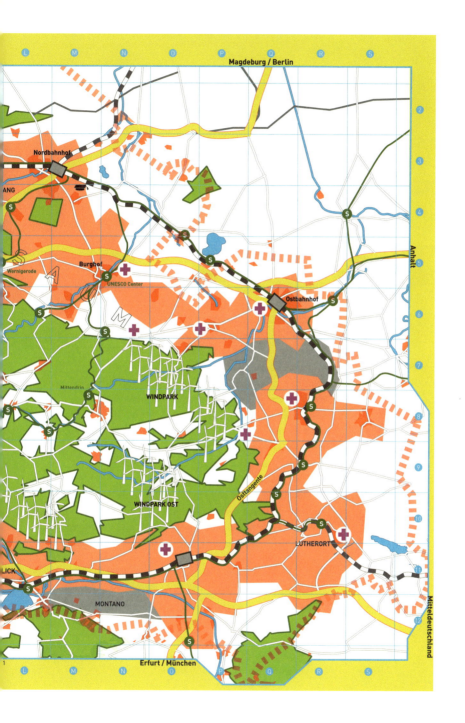

Magdeburg / Berlin

Nordbahnhof

ANG

Wernigerode

Burghof

UNESCO Center

Mittenfrin

WINDPARK

WINDPARK OST

MONTANO

LICK

Ostbahnhof

Ostfangente

LUTHERORT

Anhalt

Mitteldeutschland

Erfurt / München

Wir arbeiten ganz traditionell." Es gibt nur wenige schwarze
Schafe unter den vielen neuen Winzern; die meisten haben
einen exzellenten Ruf.

Die Republik Harz wurde aus der Not geboren. Schrumpfende
Bevölkerung und degressive Finanzhaushalte forderten
eine Strategie. Die Idee dazu hatten die Architekten und Planer
Stefan Rettich aus Leipzig und Kai Dolata aus Berlin im Jahr
2010. Sie schlugen eine Selbstverantwortung im Sinne regionaler Wertschöpfungsketten und relativer Unabhängigkeit vor,
eben die Gründung einer Republik. Trotz aller Skepsis und
Schwerfälligkeit am Anfang kam der neue, der gemeinsame Harz
dank der hohen kulturgeschichtlichen Identität und der
prägenden Kulturlandschaft gut voran. 2020 waren der Rückgang der Bevölkerung gestoppt, die Einwohnerzahl stabilisiert,
der Arbeitsmarkt gewachsen. Heute steigt die Geburtenrate
wieder, junge Familien rühmen besonders das gute Bildungs-
system mit Gymnasien und weiterbildenden Schulen. Die
Wirtschaft gründete ein Ausbildungsnetzwerk, um Jugendliche
zu binden. Das sieht man gerade in Quedlinburg. Dort gibt
es lange Wartelisten von jungen Leuten, die an eine Wohnung in
der Innenstadt kommen wollen. Die Ausweisung neuer Siedlungsfläche wird vermieden. Stattdessen investiert die Republik
Harz in den Ausbau von Naturreservaten. Deren Pflege wird
mit Einnahmen durch den wachsenden CO_2-Handel finanziert.
Hannah schmunzelt, wenn sie den Slogan „Der Harz, die
Toskana des Nordens" hört. Sie ist gern in der Toskana, aber nie
im Sommer: „Da bin ich bei meinen Gästen." Viele von ihnen
sehen das ähnlich und kommen immer wieder. Auf dem Weingut
Meyer kann man wunderbar im alten Fachwerkhaus übernachten,
wo es helle, geräumige Ferienwohnungen gibt. Zum Baden
im Stausee sind es nur ein paar Meter, zum Wandern lädt die
Umgebung ein. Wer es besonders gut haben will, fährt nach
Nordhausen, das sich zu einem kulinarischen Zentrum ent-
wickelt hat. Hier gibt es erstklassige Restaurants, aber auch
Bistros und Cafés. Auf den Wochenmärkten der gesamten
Region ist die Frische des Harzes versammelt. Die Slow-Food-
Bewegung war etwas für metropolitane Insider.

Lebensmitteldiscounter findet man hier nicht mehr. Gutes Essen und guter Wein sind selbstverständlich geworden, gerade in der Republik Harz, wo inzwischen zehn Prozent der Einwohner in der Lebensmittelherstellung und -verarbeitung ihr Geld verdienen. Aber die Republik lebt nicht nur vom Genuss allein, sie setzt auch auf die Gesundheitswirtschaft, das heißt auf ein dichtes Netz von Kliniken, das zu den spezifiziertesten in Europa gehört, mit Rundumversorgung einschließlich Schönheitspflege und Wellnesskultur.

Gleichzeitig gehört die Region zu den größten Produzenten von regenerativen Energien. Genutzt wird heute vor allem die Ressource Wasser, im Niederharz und Mansfelder Land der Wind. Seitdem die Folgen des Klimawandels deutlich spürbar wurden, gehört die Sonne verstärkt dazu. Im Verbund mit der Technischen Universität Clausthal und lokalen Produktionsstätten ist der Harz zudem Vorreiter bei der Entwicklung neuer Energietechnologien.

Noch ein paar Monate, dann scheint es wieder, als habe hier jemand den Stecker gezogen. Alles geht langsamer, es kehrt Ruhe ein; der Harz versinkt in seinen Winterschlaf. Allerdings ohne Schnee. Früher kam man vor Eis und Glätte kaum zum Brocken hoch, heute schneit kein Dorf mehr richtig ein. Der Tourismus muss im Sommer einbringen, was im Winter gebraucht wird. Hannah packt dann auch mal die Koffer, um sich die Welt anzusehen. Obwohl die Welt ja eigentlich zu ihnen kommt, wie es in den Prospekten des Harz Tourismus immer wieder zu lesen steht. Das mag übertrieben sein. Allerdings ist die Republik Harz inzwischen eine gute Marke, die sich entwickeln lässt.

Projektgruppe
Gesamtkoordination: Philipp Oswalt, Babette Scurrell und Regina Sonnabend
Recherche und Kartierung: Kai Dolata mit Babette Scurrell und Kerstin Faber
Konzept Altmark: Jürgen Aring, Stiftung Bauhaus Dessau et. al. Text: Kerstin Faber
Konzept Anhalt: Walter Prigge et al. Text: Regina Sonnabend
Konzept Harz: Stefan Rettich und Kai Dolata. Text: Ingolf Kern

Aring, Jürgen, Dr., Dipl.-Geograf und Stadtplaner, 2005–2012 Professor für Stadt- und Regionalplanung an der Universität Kassel, seit September 2012 Vertretung der Raumwirtschaftspolitik an der Fakultät Raumplanung der TU Dortmund, Inhaber des Büros für Angewandte Geographie in Meckenheim bei Bonn, Mitglied der ARL, DASL und des Beirats für Raumentwicklung im Bundesministerium für Verkehr, Bau und Stadtentwicklung, 2005–2007 externer wissenschaftlicher Berater im Projekt „Stendal – Zentraler Ort im ländlichen Raum" der IBA Stadtumbau 2010
↗ www.bfag-aring.de

Faber, Kerstin, M.Arch., freie Planerin und Urbanistin, wissenschaftliche Mitarbeiterin am Karlsruher Institut für Technolgie (KIT) im Fachbereich Städtebau, Inhaberin des Projektbüros Franz Faber, 2003–2010 Projektmanagerin im Team der IBA Stadtumbau 2010 und Co-Kuratorin der IBA-Abschlussausstellung, Veröffentlichungen unter anderem im Katalog „Weniger ist Zukunft" der IBA Stadtumbau 2010 (Berlin 2010)
↗ www.franz-faber.de

Matthiesen, Ulf, Dr., Soziologe, Stadt- und Regionalforscher, Professor am Institut für Europäische Ethnologie der Humboldt-Universität zu Berlin, 2007–2010 Arbeitsschwerpunkt der Raumpionier-Forschung „Innovative Mikronetze im regionalen Vergleich", 1994–2007 Aufbau und Leitung der Forschungsabteilung „Wissensmilieus und Raumstrukturen" am Institut für Regionalentwicklung und Strukturplanung, Erkner (IRS)
↗ www.euroethno.hu-berlin.de/einblicke/personen/matthiesen

Matton, Ton, Künstler und Stadtplaner, Gastprofessor für Architekturtheorie und Entwerfen an der Hochschule Wismar, 2001 Gründung der Werkstatt Wendorf, Mitherausgeber der Publikationen „Suburban Ark" (Rotterdam 2006), „Surviving the Suburb" (Rotterdam 2008) und „Improvisations on Urbanity" (Rotterdam 2010)
↗ www.mattonoffice.org, www.werkstattwendorf.de

Neu, Claudia, Dr., Soziologin, Professorin für Allgemeine Soziologie und empirische Sozialforschung an der Hochschule Niederrhein, Arbeitsschwerpunkte: Sozialstrukturanalysen, Demografie, Land- und Agrarsoziologie, Herausgeberin der Publikation „Daseinsvorsorge. Eine gesellschaftswissenschaftliche Annäherung" (Wiesbaden 2009)

↗ www.hs-niederrhein.de/fb05/personen/claudia-neu

Oswalt, Philipp, Architekt und Publizist, Professor für Architekturtheorie und Entwerfen an der Universität Kassel, 2002–2008 Leitender Kurator des Initiativprojektes „Schrumpfende Städte" der Kulturstiftung des Bundes, 2009–2010 Geschäftsführer der IBA Stadtumbau 2010, seit 2009 Direktor der Stiftung Bauhaus Dessau

↗ www.shrinkingcities.com, www.iba-stadtumbau.de, www.bauhaus-dessau.de

Smolenaars, Ellie, Dr., Sozialwissenschaftlerin, Schriftstellerin und Journalistin, 2001 Gründung der Werkstatt Wendorf, zahlreiche Veröffentlichungen und Autorin der Publikationen „Pioniers" (Amsterdam 2001), der Biografie „Clara Wichmann" (Amsterdam 2005) und „Armoede Live" (Amsterdam 2008)

↗ http://elliesmolenaars.wordpress.com, www.werkstattwendorf.de

Veihelmann, Tina, Politologin und Journalistin, 2002–2004 Redakteurin in der Berliner Stadtzeitung scheinschlag, 2007–2010 Redakteurin bei der Freitag, Autorin der Publikation „Aurith-Urad – Zwei Dörfer an der Oder" (Berlin 2006), ausgezeichnet mit dem Deutsch-Polnischen Journalistenpreis 2007, zahlreiche Veröffentlichungen unter anderem im Katalog „Weniger ist Zukunft" der IBA Stadtumbau 2010 (Berlin 2010)

↗ www.tina-veihelmann.de

Willisch, Andreas, Soziologe und Biolandwirt, Vorstandsvorsitzender des Thünen-Instituts für Regionalentwicklung e. V. in Bollewick, Mitbegründer des Netzwerks Ostdeutschlandforschung, 2007–2012 Koordinator des Projektverbundes „ÜberLeben im Umbruch", Mitherausgeber der Publikationen „Das Problem der Exklusion" (Hamburg 2006), „ÜberLeben im Umbruch" (Hamburg 2011) und „Wittenberge ist überall" (Berlin 2012)

↗ www.thuenen-institut.de

BILDNACHWEIS

Raumpioniere in ländlichen Regionen
Neue Wege der Daseinsvorsorge

Herausgeber:
Kerstin Faber und Philipp Oswalt
für die Stiftung Bauhaus Dessau

Die Stiftung Bauhaus Dessau ist eine
gemeinnützige Stiftung des öffentlichen
Rechts. Sie wird gefördert durch das
Land Sachsen-Anhalt, den Bauftragten
der Bundesregierung für Kultur und
Medien und die Stadt Dessau-Roßlau.
www.bauhaus-dessau.de

Redaktion:
Kerstin Faber und Philipp Oswalt

Lektorat:
Rudolf Stegers

Korrektorat:
Susanne Kubenz

Übersetzung Autorenbeitrag
Matton/Smolenaars (NL-DE):
Juliane Schmitt

Transkription Gespräche:
Brack & Hoffmann, Halle

Gestaltung:
Heimann und Schwantes, Berlin

Lithografie:
max-color, Berlin

Druck:
Medialis Offsetdruck GmbH, Berlin

Bindung:
Stein + Lehmann GmbH, Berlin

Papier:
Fly, 115 g/qm, BVS glänzend, 135 g/qm

Schrift:
Fugue, Pionier

Die Deutsche Nationalbibliothek
verzeichnet diese Publikation in der
Deutschen Nationalbibliografie;
detaillierte bibliografische Daten sind
im Internet unter https://portal.dnb.de
abrufbar.

Verlag und Vertrieb:
Spector Books
Harkortstraße 10
04107 Leipzig
www.spectorbooks.com

Auslieferung Deutschland / Österreich:
GVA Gemeinsame Verlagsauslieferung
Göttingen GmbH & Co. KG
www.gva-verlage.de

Auslieferung Schweiz:
AVA Verlagsauslieferung AG
www.ava.ch

Auslieferung UK / Frankreich / Japan:
Anagram Books Ltd
www.anagrambooks.com

Auslieferung USA:
RAM Publications + Distribution Inc.
www.rampub.com

ISBN 978-3-940064-58-5

1. Auflage, 2013
1000 Stück